Raimund Badelt

Energie Liebe

Teilhard de Chardin – ein Mystiker der Evolution

echter

Bibliografische Information der Deutschen Nationalbibliothek

Die Deutsche Nationalbibliothek verzeichnet diese Publikation in der Deutschen Nationalbibliografie; detaillierte bibliografische Daten sind im Internet über <http://dnb.d-nb.de> abrufbar.

www.echter.de
Umschlag: Peter Hellmund
Druck und Bindung: Druckerei Friedrich Pustet, Regensburg
ISBN
978-3-429-04405-3 (Print)
978-3-429-04944-7 (PDF)
978-3-429-06364-1 (ePub)

Inhalt

Zum Einstieg: Warum dieses Buch?

»Religion *nein* – Spiritualität *ja*«. So könnte man die Einstellung nicht weniger Menschen in Westeuropa kennzeichnen. Sie haben zwar ein distanziertes Verhältnis zu Religion, interessieren sich aber durchaus für Spiritualität. Sie leiden an der scheinbaren Unvereinbarkeit des modernen Weltbilds mit der christlichen Religion und suchen innere Erfahrung anstelle ausformulierter Glaubenssätze. Religion als solche scheint zum historischen, geradezu musealen Relikt zu werden, über das man gar nicht mehr streitet, weil es einfach durch die Geschichte überholt ist. Die Sehnsucht nach Spiritualität versuchen viele auf verschiedensten Wegen zu erfüllen, sehr oft weit weg von den Erfahrungen der christlichen Religion und des Evangeliums Jesu Christi.

Auch der französische Jesuit Pierre Teilhard de Chardin (1881–1955) rang als hervorragender Naturwissenschaftler mit der Frage der Vereinbarkeit seines modernen Weltbilds mit der christlichen Religion. Er hatte ungewöhnliche Einsichten und spirituelle Erfahrungen, die ihn zwar in Konflikt mit den religiösen Autoritäten seiner Zeit brachten, aber letztlich zu einer sehr spezifischen Form von Gott- und Weltverbundenheit führten. Seine Einsichten bieten modernen Menschen die Möglichkeit, ein spirituelles Leben mit tatkräftigem Engagement in der Welt zu verbinden.

Mich faszinierten die kühnen Thesen von Teilhard de Chardin seit meiner Jugend. Kann man wirklich im Zeitalter der Computer und der Weltraumfahrt mit voller Überzeugung und intellektueller Redlichkeit noch Christ sein? Mit einer an Teilhard orientierten Spiritualität kann man es. Im Bereich der Religion dauert es bekanntlich viel länger als im Bereich der Naturwissenschaft, bis sich neue Erkenntnisse durchsetzen; die Pioniere werden leicht zu Opfern – aber im Christentum gehören Tod und Auferstehung ja bekanntlich zusammen.

Wem der Name Teilhard fremd ist, der kann die Lektüre dieses Buches auch bei den ihn/sie sachlich interessierenden Kapiteln beginnen und dann erst zu den biografisch orientierten Teilen vorstoßen. Die Thematik ist heute aktueller denn je.

Raimund Badelt

1. Wer war Teilhard de Chardin? – Eine Kurzbiografie

Zum Schauen und Forschen geboren

Geboren 1881 in eine streng katholische Familie in Frankreich, tritt der hochintelligente und vor allem auch naturwissenschaftlich interessierte Pierre mit 18 Jahren in den Jesuitenorden ein. Er durchläuft die übliche theologische Ausbildung und wird 1911 zum Priester geweiht. Daneben entwickelt er sich zum brillanten Geologen und widmet sich speziell der neu entstehenden Wissenschaft der Paläontologie, der Lehre vom Leben in vergangenen Erdzeitaltern. Gleich nach seiner Promotion an der Pariser Universität Sorbonne 1922 wird er dort zum Professor berufen. Dazwischen dient er im Ersten Weltkrieg als Sanitäter an der Front. Die Kriegserlebnisse sind für ihn sehr wichtig, offensichtlich hat er in dieser Zeit auch mystische Erfahrungen.
Der Wissenschaftler Teilhard lässt keinen Zweifel daran, dass er die Evolutionstheorie für richtig hält, die damals von der Kirche noch sehr bekämpft wurde. 1923 nimmt Teilhard eine Einladung zu naturwissenschaftliche Arbeiten in China an, ein Schritt, zu dem ihn auch seine Ordensoberen stark drängen.
Was als ein- bis zweijährige Reise geplant war, wird schließlich ein Aufenthalt in China von 23 Jahren (1923–1946), unterbrochen durch mehrere Aufenthalte in Frankreich, Besuche in den USA sowie Forschungsreisen nach Somalia, Indien, Java und Burma. Wissenschaftlich wird Teilhard durch wichtige Erfolge berühmt, u.a. durch seine Mitwirkung bei der Entdeckung und Analyse des »Peking-Menschen«.

Der Streit um sein Werk

Innerlich beschäftigen Teilhard die Zusammenhänge seiner naturwissenschaftlichen Entdeckungen mit seinem religiös geprägten Weltbild; schon in diesen Jahren entstehen die ersten Versionen seiner erst nach seinem Tod allgemein bekannt gewordenen Werke. Bei seinen Heimataufenthalten und Reisen nach Frankreich wiederholen sich immer wieder die gleichen Muster: herzliche Aufnahme bei Freunden, nicht zuletzt aus dem Jesuiten-Orden, einige öffentliche Vorträge, die großes öffentliches Interesse finden, aber kirchlich stark kritisiert werden, mehr oder weniger freiwillige rasche Rückkehr nach China.

Als Teilhard 1946 nach Paris zurückkehrt, hat sich der Kampf um seine Ideen sehr zugespitzt. Einerseits findet sein Brückenschlag zwischen Naturwissenschaft und Theologie in der Öffentlichkeit sehr viel Interesse, anderseits werden seine Ideen von traditionalistischer Seite immer heftiger kritisiert.

Die Vorwürfe kreisen um zwei Punkte: Da er bestreitet, dass man Adam und Eva als historische Einzelpersönlichkeiten sehen dürfe, sehen die kirchlichen Autoritäten durch seine Analysen die Erbsündenlehre gefährdet, was in weiterer Folge die Bedeutung der Erlösung durch Jesus in Frage stelle. Außerdem wirft man ihm vor, sein Ineinanderfügen von materieller Entwicklung und Christentum bedeute Pantheismus, d.h., es gäbe dann letztlich keinen Unterschied mehr zwischen Gott und Welt. Teilhard wehrt sich zwar vehement gegen diese Vorwürfe, hält sich aber als gehorsamer Jesuit und Priester an das über ihn verhängte Publikationsverbot, sodass seine Schriften zu seinen Lebzeiten nur im Untergrund inoffiziell kursieren.

Immer mehr verlegt er nun seinen Lebensmittelpunkt in die USA, pflegt dort Kontakt zu wissenschaftlichen Stiftungen, macht weitere Forschungsreisen vor allem nach Ostafrika. Formeller Höhepunkt seiner wissenschaftlichen Karriere ist 1950 die Wahl in die französische Akademie der Wissenschaften.
Gleichzeitig leidet er immer mehr am geistigen Klima in der Kirche; auch seine Gesundheit wird von ernsten Herzproblemen und Depressionserscheinungen beeinträchtigt. Er ist sich bewusst, nurmehr für die Nachwelt zu schreiben. Teilhard stirbt am Ostersonntag, den 10. April 1955, in New York.
Vor seiner letzten Afrikareise vermacht er seiner Sekretärin Jeanne Mortier testamentarisch die Verfügungsrechte über seine Schriften. Trotz des großen Erfolgs der ersten offiziellen Ausgabe von »Der Mensch im Kosmos« (Le Phénomène humaine), die bald nach seinem Tode erscheint, dauert es mehr als 20 Jahre (bis 1976), bis alle 13 Bände der französischen Originalausgabe publiziert werden. Deutsche Übersetzungen entstehen ab 1959, die letzte noch 1990. Daneben sind nicht weniger als 11.000 Seiten rein naturwissenschaftlicher Arbeiten (insbesondere Geologie, Paläontologie) Teilhards erhalten.

2. Teilhards innerer Weg

Das Herz, die Natur und die Wissenschaft

In der Entwicklung der persönlichen Spiritualität Teilhards sind schon in frühester Kindheit zwei Einflüsse auffallend: In der streng religiösen Familie, in der er aufwächst, spielt die Herz-Jesu-Verehrung, insbesondere durch seine Mutter, eine große Rolle. Zum täglichen Familiengebet gehört im Juni die Herz-Jesu-Litanei, in deren Rahmen auch die Anrufung gebetet wird »Herz Jesu, das alle Schätze der Weisheit und Wissenschaft in sich schließt«.

Gleichzeitig fasziniert schon den kleinen Pierre alles, was in der Natur Dauerhaftigkeit zu vermitteln scheint, wie Eisen oder Steine, die er gerne sammelt. Noch als alter Mann erinnert er sich daran, wie enttäuscht er als Kind war, als er bemerken musste, dass auch harte Materie nicht wirklich dauerhaft ist, weil eben auch Eisenstücke Rost ansetzen und mit der Zeit zerfallen. Er schreibt: »Wenn ich seit meiner Kindheit und seither mit wachsender Fülle und Überzeugung immer die Natur geliebt und erforscht habe, so kann ich also sagen, dass ich das nicht als Gelehrter, sondern als frommer Mensch tat. – Mir scheint, dass bei mir alles Bemühen, selbst wenn es sich auf einen rein natürlichen Gegenstand richtete, zu allen Zeiten ein religiöses und substantiell einziges Bemühen gewesen ist. Ich bin mir bewusst, immer das Ziel gehabt zu haben, das Absolute zu erreichen« (Cuénot, 25).

In Teilhards weiterem Werdegang, im Rahmen der Ausbildung zum Jesuiten, wird dieses doppelte Interesse, Religion und Naturwissenschaft, immer wieder ein

Thema: Einmal neigt er dazu, seine offensichtlich vorhandene naturwissenschaftliche Begabung zugunsten der Religion nicht weiterzuverfolgen, und muss von einem erfahrenen Priester von diesem Schritt abgehalten werden. Umgekehrt ist eine seiner ersten Aufgaben als junger Jesuit die Mitwirkung an einer kirchlichen Kommission, die die Wunder von Lourdes prüfen soll.

Ignatianische Exerzitienspiritualität: der ganze Mensch und Gott in allem

Ausbildung und geistige Prägung von Jesuiten folgt traditionell den Weisungen des Ordensgründers Ignatius von Loyola, der in seinem Exerzitienbuch (EB) dazu präzise Weisungen gibt. Ein Grundgedanke (»Prinzip und Fundament«, EB 23) ist dabei: »Der Mensch ist geschaffen dazu hin, Gott unseren Herrn zu loben, Ihn zu verehren und Ihm zu dienen, und so seine Seele zu retten. Die anderen Dinge auf Erden sind zum Menschen hin geschaffen, und um ihm bei der Verfolgung seines Zieles zu helfen, zu dem hin er geschaffen ist ...« Der Mensch, und insbesondere der Angehörige des Jesuiten-Ordens, soll also Gott in allen Dingen suchen und finden. Zu dieser Spiritualität gehört auch wesentlich die Balance von Sein und Tun, von Kontemplation und Aktion, von Gebet und prophetischem Leben.
In den »Betrachtungen zur Erlangung der Liebe« (EB 230 ff) heißt es: »Das Erste ist, dass die Liebe mehr in die Werke gelegt werden muss als in die Worte.« Wir sollen Gott unsere Freiheit, unseren Verstand und Willen, allen Besitz zurückgeben, um so »in allem lieben und dienen zu können« (EB 233). Wir sollen erwägen,

wie Gott in all den Geschöpfen wohnt, wie auch alle menschliche Kraft von ihm kommt usw.
In vielen Passagen des Exerzitienbuches werden wir aufgefordert, die Worte Jesu nicht nur intellektuell zu bedenken, sondern uns mit allen Sinnen darauf einzulassen, uns die Schauplätze bildlich vorzustellen, die Situationen zu vergegenwärtigen, zu verschmecken und zu verkosten.
Für Teilhard ist das eine Anregung, in der Zusammenschau biblischer Stellen mit seinem Interesse an der Natur das Staunen zu lernen. Er liest im Matthäus-Evangelium die bekannte Stelle (Mt 6,26): »Betrachtet die Vögel des Himmels. Sie säen nicht, sie ernten nicht, sie sammeln nicht in Scheunen, und euer himmlischer Vater ernährt sie.«
Teilhard beschreibt eine Meditation dazu: »Staunen vor der Gestalt und dem wunderbaren Flug der Möwe. Wie ist dieses Vogelschiff entstanden? Die schlimmste Schwäche unseres Geistes ist, die größten Probleme nicht zu spüren, weil sie uns unter den vertrautesten Gestalten entgegentreten ... Wie viele Möwen habe ich gesehen? Wie viele Menschen haben Möwen gesehen, ohne das Geheimnis zu ahnen und wahrzunehmen, das mit ihnen schwebt. Gott möge mir die Gabe verleihen, stets wie berauscht die unermessliche Musik der Dinge zu hören und sie den anderen hörbar zu machen« (Gemmingen, 21).
Den Naturwissenschaftler Teilhard veranlassen aber auch weniger bekannte, schwierigere Stellen der Bibel zum Staunen und letztlich zur Anbetung. So heißt es im Kolosserbrief (Kol 1,16): »Auf ihn (Christus) hin ist alles geschaffen.« Teilhard wird bewusst, dass damit nicht nur einzelne Menschen, sondern die ganze Menschheit mitgemeint ist, ebenso der ganze Kosmos

vom kleinsten Elementarteilchen bis zu den entferntesten Galaxien. Aber auch Grundgegebenheiten der Physik wie Magnetismus, Schwerkraft, auch jede Form von Energie sind hier mitzudenken. So werden auch Meditationen zu einer der Quellen seines Weltbilds.

Teilhard hat bis zu seinem Lebensende die ignatianischen Regeln hinsichtlich Gewissenserforschung, Exerzitien usw. streng befolgt. Trotz aller Schwierigkeiten, die ihm im Laufe seines Lebens von kirchlichen Autoritäten, zum Teil auch von der Ordensleitung, gemacht wurden, sagte er bei einer Feier anlässlich seines 50-jährigen Ordensjubiläums, er würde trotzdem alle wichtigen Schritte seines Lebens wieder so machen, wenn er die Zeit zurückdrehen könnte.

In einem privaten Brief von 1950 differenziert er diese Aussage: Seine Lebenserfahrung ist, dass die Methodik der ignatianischen Exerzitien ausgezeichnet sei, dass aber die dort vorausgesetzte (und eben schon 500 Jahre alte) Kosmologie, die damit ja auch Grundlage der Christologie wurde, dringend erneuerungsbedürftig sei – man müsse das Anliegen des Ignatius in ein Universum transponieren, das nicht statisch, sondern im Werden ist.

Schon am Ende des Ersten Weltkriegs schreibt er, dass sein Forschen in der Natur nicht primär aus dem üblichen Drang des Naturwissenschaftlers gekommen, sondern vor allem eine Form von Andacht gewesen sei. Bei aller Unterschiedlichkeit in den Methoden haben Wissenschaft und Religion für ihn letztlich den gleichen Erkenntnisgegenstand, die Suche nach dem Absoluten.

Einige Jahre später, in der Abgeschiedenheit seiner langen Ritte in der Mongolei, wohin ihn seine Forschungsreisen führen, macht Teilhard nicht nur die Erfahrung der äußeren Weite, sondern auch die der inneren Weitung; er ahnt Unendlichkeit. Sein Denken wird freier, ebenso wie sein Glaube. Er denkt an die Verheißung an Abraham, der in ein ihm fremdes Land ziehen soll, und fühlt sich dessen blindem Gottvertrauen viel näher als dem von dogmatischen und kirchenrechtlichen Definitionen eingeengten kirchlichen Glauben seiner Zeit. Der Gott Abrahams, der Gott Israels ist einer, der zumindest für sein Volk Geschichte macht – eine Geschichte, die jedenfalls auch diese Welt betrifft.

Zwischen Mut und Demut

In dem Maße, in dem sich sein Glaube weitet, kommt Teilhard aber immer stärker in einen inneren Zwiespalt. Der Jesuit, der durch seine Forschungen Gottes Ehre zu mehren sucht, hat gleichzeitig strikte Gehorsamsregeln übernommen. Konkret stellt sich für Teilhard die Frage, wie er Engagement für den Fortschritt mit der geforderten Haltung der Indifferenz, d.h. der »Freiheit des Geistes«, vereinigen soll. Wissen und Gewissen scheinen sich zu widersprechen; Mut steht gegen Demut. Was ist Demut, was hingegen ist Feigheit? Teilhards Lösung, die für seine Umwelt sichtbar ist, heißt: ständiges Bemühen hinter den Kulissen, seine Ideen doch publizieren zu dürfen, aber Gehorsam gegenüber den kirchlichen Autoritäten, die ihn mit Druck- und Redeverboten zum Schweigen zwingen. Innerlich sieht er die kirchlichen Verbote als die ihm zugemutete Weise, auf intellektueller Ebene sein Kreuz zu tragen. Die Kirche, das Priesteramt oder zumindest den Orden zu verlassen sieht er als Versuchung, der er widerstehen muss. Gelegentlich tröstet ihn der Gedanke, dass gerade er als Naturforscher die extreme Langfristigkeit von Entwicklungen immer betont habe – dies gilt offensichtlich auch für Entwicklungen im Glauben. Der Glaube aber muss vom Volk bzw. von der Kirche getragen sein; ein Prophet, der sein Volk, seine Gemeinschaft verlässt, verrät seine Aufgabe.

Sein Glaube an Christus ist primär der Glaube an den Auferstandenen, den Verklärten. Der historische Mensch Jesus ist demgegenüber eigentlich nur die historische Verankerung dieses Glaubens. Teilhard merkt, dass ihm nur wenige folgen können: »Warum bin ich denn der einzige, der vom Tabor (dem Ort der Verklärung Jesu) kommt und sieht?«

In den letzten Monaten seines Lebens weiß er, dass er eigentlich nur für die Nachwelt schreibt. Er betet, dass Gott ihm ein Zeichen schicken möge. Sein Tod gerade am Festtag der Auferstehung, dem Ostersonntag (1955), könnte die Antwort gewesen sein.

Schon Jahrzehnte vor seinem Tod mahnt er uns, die wir heute mit einem immer schneller werdenden Lebensrhythmus zurechtzukommen haben und dadurch den Gegensatz zur extremen Langsamkeit kirchlicher Entwicklungen besonders deutlich spüren: »Hab Vertrauen in das langsame Arbeiten Gottes. Ganz natürlich drängen wir in allen Dingen ungeduldig dem Ziele zu. Wir möchten die Zwischenstufen überspringen. Wir leiden voll Ungeduld darunter, zu etwas Unbekanntem, Neuem unterwegs zu sein. Dabei ist es das Gesetz jedes Fortschreitens, dass sein Weg über das Unbeständige führt – das eine sehr lange Zeit andauern kann! ... Deine Gedanken reifen ganz allmählich, lass sie wachsen, lass sie Gestalt nehmen, ohne etwas zu überstürzen! Versuche nicht, sie zu zwingen, so als könntest du heute schon sein, was die Zeit (das heißt die Gnade und die Umstände, die auf deinen guten Willen Einfluss nehmen werden) morgen aus dir machen wird. Schenke unserem Herrn Vertrauen, und denke, dass seine Hand dich gut durch die Finsternisse und das Werden führen wird – und nimm aus Liebe zu ihm die Angst auf dich, dich im Ungewissen und gleichsam unfertig zu fühlen« (FS: Briefe von 1916–1919).

3. Das Weltbild Teilhards – der Brückenschlag

Im folgenden Kapitel wollen wir aus dem umfangreichen theoretischen Werk Teilhards jene Grundgedanken herausarbeiten, die zum Verständnis einer Spiritualität in seinem Geist besonders wichtig sind.

Die Welt entwickelt sich ...

Im »Brotberuf« war Teilhard Paläontologe, also jemand, der Frühformen von Leben, insbesondere des menschlichen Lebens, erforscht. Im Gegensatz zur damaligen kirchlichen Lehre kam er zu dem Schluss, die Evolutionslehre sei richtig – eine Erkenntnis, die im heutigen Europa unstrittig ist, sodass wir diesen Punkt nicht weiter ausführen müssen. Eng damit verbunden ist jedoch ein Gefühl für ungeheuer lange Zeiträume: Die heutige Naturwissenschaft rechnet mit etwa 13,7 Milliarden Jahren (13.700.000.000!) seit dem Urknall, mit etwa 4,7 Milliarden Jahren seit der Entstehung des Sonnensystems. Die ersten Säugetiere auf der Erde dürfte es vor ungefähr 135 Millionen Jahren gegeben haben, die ersten Menschen erst vor 3 bis 4 Millionen Jahren. Erste Spuren menschlicher Städte sind nur einige tausend Jahre alt. Wenn man sich die Zeit seit dem Urknall als ein Jahr vorstellen würde, würde höheres Leben nur die letzten Tage, die menschliche Geschichte sogar nur die allerletzten Stunden dieses Jahres betreffen.
Gleichzeitig sagt uns die moderne Astronomie, dass das Licht der Sterne, das wir mit unseren Augen sehen,

und erst recht das Licht von Galaxien, die nur modernste Instrumente wahrnehmen können, zum Teil seit Millionen oder Milliarden Jahren unterwegs ist. Wir sehen zwar in die Vergangenheit, wissen aber nicht, ob diese von uns wahrgenommenen strahlenden Objekte heute noch existieren. Die Begriffe Zukunft oder Vergangenheit sind im Alltag nützlich, im Weltbild der Kosmologie aber kaum mehr sinnvoll. Traditionelle Formulierungen von Theologen, dass es für Gott keine Zeit gäbe, werden für moderne Naturwissenschaftler allmählich plausibler.

Als Naturwissenschaftler macht Teilhard jedoch zwei ungewohnte Schritte: Erstens will er – anders als zum Beispiel die Physik – nicht die immer kleineren Teile der Materie analysieren, sondern die großen Tendenzen. Er sieht eine klare Richtung der Evolution. Zweitens interessiert er sich nicht nur für die Außenseite der Phänomene, sondern vor allem auch für die Innenseite. Die Frage, ob »Außen«- oder »Innen«-Faktoren primär seien, sei wissenschaftlich nicht zu entscheiden. Ein Beispiel: Wird eine Tierart zum Raubtier, weil die Mahlzähne schärfer werden, oder führt die innere Entwicklung Richtung Raubtier dazu, dass die Mahlzähne schärfer werden?

Der Naturwissenschaftler Teilhard analysiert, dass es im Lauf der Evolution Entwicklungsstufen gebe wie das erste Auftreten von Leben, von Einzellern, von Vielzellern, von Säugetieren. Die Stufe der Menschwerdung ist für ihn durch Auftreten von Intelligenz beschreibbar. Äußerlich erkennbar ist hier die Verdichtung und massive Verstärkung des Nervensystems, die entscheidende Zunahme an Komplexität; innerlich entspricht dem das Auftreten von Bewusstsein, von Selbstbewusstsein. Der Mensch wird Person. Es ent-

steht ein eigener Wissenschaftszweig, die Psychologie, die die seelischen Phänomene analysiert.
Teilhard bleibt bei seiner Analyse aber nicht beim Menschen stehen. Er sieht, dass sich auf unserem Planeten über der Zone des Lebens, der Biosphäre, eine Zone des Geistes bildet, die er »Noosphäre« nennt. Menschliche Erfindungen, gleichgültig ob diese technischer oder gesellschaftlicher Art sind, interpretiert er als Fortsetzung der Evolution. Diese Zone des Geistes überzieht die ganze Erde: einerseits weil die Zahl der Menschen rasch zunimmt, anderseits weil durch diese Erfindungen Inhalt und Zahl der Verbindungen zwischen Menschen explosionsartig zunimmt.
Die Physik kann im Laufe ihrer Analyse immer kleinerer Teile der Materie kaum noch zwischen Materie und Energie unterscheiden (Quantentheorie!). Teilhard seinerseits sieht die Tendenz, Materie und Geist nicht als Gegensatz wahrzunehmen, sondern den Geist als Weiterentwicklung der Materie. Materie als solche ist keine stabile Grundlage der Welt, Konsistenz entsteht erst durch ein verbindendes Element, das auf unterschiedlichen Ebenen ganz unterschiedlich erkennbar ist.
Ein Beispiel als Erläuterung: Einen Holztisch in einem Zimmer wird ein Innenarchitekt als mehr oder weniger passendes Mobiliar empfinden. Ein Tischler würde Aussagen über Holzart, Belastbarkeit des Tisches machen. Ein Chemiker wird über die Zusammensetzung der betreffenden Holzart Auskunft geben können. Der Atomphysiker wird feststellen, alle Atome dieses Tisches bestünden überwiegend aus leerem Raum, nur ein kleiner Bruchteil des Volumens sei Materie. Jeder hat auf seine Weise Recht. Würde der Besitzer des Tisches aber mit Hinblick auf die Aussage des Atomphy-

sikers Angst haben, Geschirr auf den Tisch zu stellen, würde er als irre gelten. Das Wesen des Tisches ist nicht aus der Atomphysik ableitbar, auch wenn sie »richtige« Aussagen macht.
Immer wieder widerspricht Teilhard Kritikern, die meinen, ernstzunehmende Naturwissenschaftler müssten Materialisten sein. Er erkennt: »schöpfen« heißt »vereinigen«.

… dank der Energie als Bindungskraft

Eine entscheidende Rolle im Weltbild Teilhards spielt sein Energiekonzept. Er weitet den traditionellen Energie-Begriff der Physik aus zur Idee einer kollektiven Bindungskraft. Für diese weiter gedachte Energie sieht er zwei Arten: Die erste, die er »tangential« nennt, strebt zum Zustand der größten Wahrscheinlichkeit, letztlich zur Entropie (Wärmetod); hier verweist Teilhard auf die Erkenntnisse und Thesen der modernen Physik. Die zweite Art, die er »radial« nennt, strebt nach vorne, zu immer komplexeren, aber statistisch unwahrscheinlicheren Zuständen. Ohne diese Annahme seien die bisherigen Erkenntnisse über die Entwicklung des Kosmos, unserer Erde und des Lebens nicht plausibel. Energie zeigt sich auf unterschiedlichen Stufen der Evolution auf sehr unterschiedliche Weise, von der in der Physik beschriebenen Teilchenstrahlung über die Anordnung im Zellkern bis hin zum Menschen und durch gesellschaftliche Phänomene über die Entwicklung des Einzelmenschen hinaus. Damit sind zum Beispiel elektromagnetische Anziehung und Abstoßung, Kohäsion und Adhäsion, Liebe und Hass äquivalente Phänomene auf unterschiedlichen Stufen der Evolution.

Ausdrücklich in seiner Rolle als Naturwissenschaftler (nicht als Priester) beschreibt Teilhard die menschliche Energie als Teil der kosmischen Energie, sieht innerhalb dieser menschlichen Energie die spirituelle Energie als bisher von der Wissenschaft vernachlässigte Größe und schließlich die Liebe als höchste Form menschlicher Energie. Diese Liebe würde aber sterben, wenn sie nur auf das Unpersönliche stoßen würde; sie bedarf eines persönlichen Gegenübers. Anonyme, unpersönliche Kräfte liebt man nicht. (Wer liebt schon die Schwerkraft?)

Liebe als Form der Energie

Als Naturwissenschaftler sieht Teilhard eine Richtung in der Evolution, die von den bekannten historischen, materiell beschreibbaren Stufen zu einer Vergeistigung (er nennt das »Spiritualisation«) und weiter zu einer Personalisation führt. Als Endpunkt definiert er einen zunächst bloß abstrakt gedachten Punkt Omega.

Gleichzeitig erkennt Teilhard jedoch: »Sobald die Wissenschaft über das untergeordnete und vorbereitende Stadium der analytischen Forschung hinauskommt und zur Synthese übergeht, ... sieht sie sich zu einer Auseinandersetzung mit dem All geführt: zugleich wächst sie über sich selbst hinaus und wandelt sich um in freie Wahl und Anbetung ... Religion und Wissenschaft: die Verbindung der beiden Seiten oder Phasen eines einzigen vollständigen Erkenntnisaktes ... In der gegenseitigen Stärkung dieser beiden noch antagonistischen Kräfte, in der Verbindung von Vernunft und Mystik ist dem menschlichen Geist durch die ganze Natur seiner Entwicklung bestimmt, sein Äußerstes an

eindringender Schärfe zu erlangen zugleich mit dem Maximum lebendiger Kraft« (MK 280).
Von Kindheit an sind Teilhard wichtige zentrale Glaubensinhalte vertraut, wie dass Gott in Jesus Mensch geworden sei oder die Liebe als christliches Hauptgebot im Rahmen der traditionellen Theologie. Während seines Theologiestudiums und seiner Formung zum Jesuiten wird auch seine naturwissenschaftliche Begabung erkannt. Die Jesuiten fördern seine diesbezüglichen Studien, nicht zuletzt um einen wissenschaftlich hochqualifizierten Experten in der Auseinandersetzung um die Evolutionslehre heranzubilden. In Teilhard wachsen jedoch Zweifel, ob die damalige kirchliche Position richtig ist: Er strebt nach einem konsistenten Weltbild zwischen Naturwissenschaft und Religion.

Christus als Ziel der Evolution

Schon im Neuen Testament, insbesondere im Johannes-Evangelium und in einigen Briefen des Apostels Paulus, findet er Stellen, die ihn zu der Frage führen, ob wir Christus nicht viel größer denken müssten, als es die damals konventionelle Theologie tat. Ein erstes Beispiel dazu aus dem Epheserbrief (Eph 1,9–10): »Denn er tat uns kund das Geheimnis seines Willens, so wie es ihm gefiel, so wie er es sich vorgenommen hatte in ihm, zur Verwirklichung der Fülle der Zeiten, nämlich das All in Christus wieder unter ein Haupt zu fassen, das Himmlische und das Irdische.«
Nicht nur biblische Betrachtungen, sondern offensichtlich auch mehrere sehr persönliche, wohl als mystisch zu bezeichnende Erfahrungen führen Teilhard zum innersten Kern seiner Erkenntnisse: Er beschreibt,

wie er sich einmal die Frage stellt, in welcher Form Christus wohl heute den Menschen sichtbar würde. Er sieht, wie das Bild (eine Herz-Jesu-Darstellung) zu zerfließen beginnt, die Konturen verschwimmen, die Strahlen umfassen immer größere Kreise, zuletzt das ganze Universum. Später, als Sanitäter an der Front im Ersten Weltkrieg, sieht er Ähnliches in den Augen sterbender Soldaten.

Aus den oben beschriebenen naturwissenschaftlichen Überlegungen einerseits, den theologischen Betrachtungen anderseits, die noch durch mystische Erfahrungen verstärkt werden, kommt Teilhard zu dem Schluss, dass der Endpunkt Omega der Evolution und der Christus des Glaubens einander entsprechen.

»A. Der offenbarte Christus ist nichts anderes denn Omega.
B. Als Omega stellt er sich in allen Punkten erreichbar und notwendig dar.
C. Und schließlich musste er, um als Omega konstituiert zu werden, durch das Mühsal seiner Inkarnation das Universum erobern und beseelen« (MU 34).
Als persönliches Glaubensbekenntnis formuliert er:
»Ich glaube, das Universum ist eine Evolution.
Ich glaube, die Evolution geht in Richtung des Geistes.
Ich glaube, der Geist vollendet sich im Personalen.
Ich glaube, das höchste Personale ist der Christus-Universalis« (MG 116).

Als nach Teilhards Tod seine Bücher und Thesen bekannt werden, finden sie großes Interesse in der breiten Öffentlichkeit. Der Vatikan versucht aber noch bis 1962, deren Verbreitung zu verhindern. In die Texte des Zweiten Vatikanischen Konzils finden dann, ohne Teilhard namentlich zu nennen, einige seiner Grundgedanken Eingang. Dazu gehören das Verständnis für die Evolution und der Auftrag des Menschen, an der Gestaltung dieser Welt mitzubauen. Bekannte Theologen wie Josef Ratzinger (der spätere Papst Benedikt XVI.) akzeptieren Teilhards Ansicht, dass Adam und Eva wohl nicht als Einzelpersönlichkeiten zu sehen seien.

Bis heute sind jedoch viele Thesen Teilhards kirchlicherseits umstritten. In jüngster Zeit beschrieb der Wiener Kardinal Schönborn Teilhard als »einen Mystiker der Evolution, dessen faszinierende Vision umstritten blieb, der etwas gewagt hat, was riskant und notwendig zugleich ist«.

4. Mitwirken an der Schöpfung

Warum sollte sich jemand, der spirituelle Anregungen sucht, gerade an einen Naturwissenschaftler halten, der ungewöhnliche Thesen vertritt? Noch dazu an jemand wie Teilhard, der sich ausdrücklich nie als Spiritualitätslehrer verstand?

Spiritualität beginnt mit Staunen

Wer mit wachen Sinnen die Natur auf sich wirken lässt, ob die Schönheit einer Blume, eine eindrucksvolle Gebirgslandschaft oder die nächtliche Milchstraße am Himmel, muss weder Naturwissenschaftler noch Theologe sein, um in schweigendem Staunen eine Ahnung einer höheren Wirklichkeit zu bekommen. Eine Sehnsucht nach Verbindung, aber auch nach tieferer Erkenntnis steigt in uns auf.

Schon im Alten Testament, im Buch der Weisheit (7,17–20), heißt es: »Denn er verlieh mir untrügliche Erkenntnis der Dinge, dass ich den Bau des Weltalls verstünde und die Wirksamkeit der Elemente, Anfang, Ende und Mitte der Zeiten, den Wechsel der Sonnenwende und den Wandel der Jahreszeiten, den Ablauf des Jahres und die Stellungen der Gestirne, die Natur der Tiere und die Triebe der wilden Tiere, die Gewalt der Geisterwelt und das Denken der Menschen, die Unterschiede der Pflanzen und die Heilkräfte der Wurzeln.«

Am Beginn der Neuzeit, im Bericht über das Leben von Ignatius, wird vermerkt: »Einen Teil der Zeit verbrachte er mit Schreiben, einen Teil mit Gebet. Und die größte Tröstung, die er empfing, war, den Himmel zu schauen und die Sterne. Dies tat er viele Male und über lange Zeit, denn dadurch verspürte er in sich großen Eifer, Gott unserem Herrn zu dienen« (BP 11). Diese persönliche Erfahrung fließt dann wohl auch in sein Exerzitienbuch ein, wenn er die Übenden anweist:

»Erwägen, wie Gott in den Geschöpfen wohnt, in den Elementen Dasein, in den Pflanzen wachsendes Leben, in den Tieren sinnliches Fühlen, in den Menschen geistige Einsicht verleihend. Und so auch in mir. Wie Er mir Dasein gibt, mich durchseelt, mir Sinne erweckt und geistige Einsicht verleiht, wie er desgleichen einen Tempel aus mir macht, da ich zu einem Gleichnis und Bild seiner göttlichen Majestät geschaffen bin« (EB 235).

Von Teilhard wissen wir, dass er schon als kleiner Junge von der Natur fasziniert war, dass er Steine sammelte, früh seine naturwissenschaftlichen Interessen verfolgte. Für seine spätere jesuitische Ausbildung war diesbezüglich schon eine gute Grundlage gelegt.

Weltbilder im Wandel

Im Leben des Einzelnen erscheint es uns als sehr natürlich, dass der Glaube des Kleinkindes, des Teenagers, des Erwachsenen, des alten Menschen sich entsprechend der Lebenssituation weiterentwickelt. Wer hier stehenbleibt, riskiert den Verlust seines Glaubens. An Märchenbücher denkt man vielleicht nostalgisch zurück, aber man verwendet sie im fortgeschrittenen Alter nicht als Handlungsanleitung.

Auch die niedergeschriebenen Inhalte der großen Religionen, nicht zuletzt auch die jüdisch-christliche

Überlieferung, sind in Bildern ausgedrückt, die dem Weltbild früherer Jahrhunderte, wenn nicht sogar Jahrtausende, entsprechen. Zwar wird heute kaum jemand mehr ernstlich behaupten, dass die Welt vor etwa 5.500 Jahren binnen einer Woche sehr plötzlich entstand, dass die Menschen bis heute paradiesisch leben würden, hätten sie nicht vom falschen Baum gegessen, und dass Arbeit und sogar Tod nur die Strafe für diese Sünde sei. Aber weil dieses Bild offensichtlich nicht mehr passt, betrachten viele Zeitgenossen Religion insgesamt als hoffnungslos überholt, schütten das Kind mit dem Bade aus.

Teilhard hingegen war klar, dass der Kosmos schon seit Milliarden Jahren existiert, dass Leben insgesamt im Verhältnis dazu ein junges Phänomen ist, die Menschheit im Speziellen nur einige hunderttausend oder Millionen Jahre alt ist. Wichtig dabei ist nicht nur die unvorstellbar lange Dauer, sondern auch die Tatsache der ständigen Entwicklung, der Evolution. Aus der Welt des Lebens entsteht eine Welt des Geistes, gesellschaftliche Phänomene sind als Steigerung biologischer Phänomene zu sehen, menschliche Erfindungen bedeuten Fortsetzung der Evolution.

Als Menschheit sind wir nicht in ein fertiges Schlaraffenland gesetzt, wo nur derjenige mühsam arbeiten muss, der sich strafbar gemacht hat, sondern wir sind Teil der Schöpfung, deren Entwicklung durch uns hindurch noch weitergeht. Leben ohne Arbeit mag eine populäre Paradies-Vorstellung sein; Beherrschung bzw. Behütung der Schöpfung ist schon in den ersten Seiten der Bibel im Buch Genesis gefordert, Bewahrung der Schöpfung ist unserer Generation als Aufgabe zunehmend klar geworden.

Aber schon vor 500 Jahren lenkte Ignatius den Blick des Betrachters auf Gottes Weltwirken in und durch die Natur: »Erwägen, wie Gott sich in allen geschaffenen Dingen auf der Welt für mich müht und arbeitet .... in der Weise eines Arbeitenden verhält. In den Himmeln, Elementen, Pflanzen, Früchten, Herden usw. – indem er Dasein gibt, erhält, belebt, Wachstum und sinnliches Leben verleiht ... Dann zurückbesinnen auf mich selbst« (EB 236). Das heißt, Gott selbst wirkt durch die Natur im Menschen; er lädt den Menschen zur Kooperation in der »immerwährenden Schöpfung« (creatio continua) ein.

Schöpfung in vollem Schwung

Teilhard geht jedoch hier noch einen entscheidenden Schritt weiter: »Wir glaubten vielleicht, die Schöpfung sei seit langem beendet. Irrtum, sie geht in vollem Schwung weiter, und zwar in den höchsten Bereichen der Welt. Im Dienst der Vollendung der Schöpfung stehen wir, selbst durch die demütigste Arbeit unserer Hände. Das ist letzten Endes der Sinn und der Wert unseres Tuns« (GM 45).

Diese Haltung steht in auffallendem Gegensatz zu einer Haltung der Weltverneinung, ja Weltverachtung, die auch innerhalb der christlichen Spiritualitätsgeschichte oft vorherrschend war. Teilhard hingegen warnt vor übertriebenen Interpretationen des berühmten Satzes »mein Reich ist nicht von dieser Welt« und fordert stattdessen eine Spiritualität der menschlichen Arbeit. Er stellt fest: »Ich glaube nicht zu übertreiben, wenn ich sage, für neun Zehntel der praktizierenden Christen bleibt die menschliche Arbeit im Zustand geistlichen Sperrguts. Obwohl die rechte Absicht geübt und jeder Tag Gott aufgeopfert wird, bewahrt die Masse der Gläubigen dunkel die Vorstellung, die im Büro, im Studio, auf den Feldern oder in der Fabrik verbrachte Zeit sei etwas, was man der Anbetung entzöge« (GM 50).

Im Laufe des 20. Jahrhunderts gewann diese Haltung Teilhards deutlich an Boden; nach seinem Tod sprachen die Texte des Zweiten Vatikanischen Konzils, insbesondere in der Konstitution »Die Kirche in der Welt von heute « (GS), von einem evolutiven Gesamtverständnis der Wirklichkeit. Sowohl das persönliche als auch das gemeinsame menschliche Schaffen entspricht demnach der Absicht Gottes. Das gilt nicht nur für außergewöhnliche Spitzenleistungen, sondern »das gilt auch für das gewöhnliche, alltägliche Tun; denn Männer und Frauen, die, etwa beim Erwerb des Lebensunterhaltes für sich und ihre Familie, ihre Tätigkeit so ausüben, dass sie ein entsprechender Dienst für die Gemeinschaft ist, dürfen überzeugt sein, dass sie durch ihre Arbeit das Werk des Schöpfers weiterentwickeln, dass sie für die Wohlfahrt ihrer Brüder sorgen und durch ihre persönliche Bemühung zur geschichtlichen Erfüllung des göttlichen Plans beitragen« (GS 34).

Der größere Zusammenhang dazu ist: »Der Herr ist das Ziel der menschlichen Geschichte, der Punkt, auf den alle Bestrebungen der Geschichte und der Kultur hin konvergieren, der Mittelpunkt der Menschheit ...« (GS 45).

Die Schöpfung geht weiter. Von uns allen ist ein persönlicher Beitrag dazu gefordert, ob prominent oder verborgen. Spiritualität des Handelns ist heute eine anerkannte Form spirituellen Lebens geworden. Dies in einer Welt, die voll Dynamik ist, im großen Kosmos,

in der irdischen Natur, in der menschlichen Gesellschaft und hoffentlich auch in uns!
In unseren Tagen, 60 Jahre nach dem Konzil, ist das Verständnis für diese Fragen auch im kirchlichen Lehramt noch umfassender geworden: Papst Franziskus spricht in der Enzyklika Laudato Si (LS) davon, dass für Christen ihre Aufgaben im Bereich der Schöpfung, gegenüber der Natur und dem Schöpfer Bestandteil ihres Glaubens sind (LS64). Die (ganze) Welt ist als Sakrament der Gemeinschaft anzunehmen, als ein Mittel, mit Gott und dem Nächsten auf globaler Ebene zu teilen (LS 9). Wer hier sündigt, ist zur Reue aufgerufen – ein Verbrechen gegen die Natur ist eine Sünde gegen uns selbst und eine Sünde gegen Gott (LS 8).

Ein Mystiker liest Paulus

Der Naturwissenschaftler Teilhard weiß um die Bedeutung der Evolution, die für ihn nicht nur ein historisches Faktum ist, sondern die er auch weitergehen sieht. Er ist aber eben nicht nur Naturwissenschaftler, sondern auch Mystiker, d.h. ein Mensch mit spirituellem Erfahrungswissen. Mit dieser doppelten Begabung wird Teilhard auch Brückenbauer zwischen Naturwissenschaft und Religion: Der Mystiker Teilhard sieht das Auftreten Christi in der Welt als ganz markante Stelle dieser Entwicklung; den Christus des Glaubens versteht er auch als Zielpunkt »Omega« der Evolution insgesamt.
Wo sich der Naturwissenschaftler für seine Theorien auf Funde aus der Frühzeit des Menschen stützt, greift der Priester und Mystiker auf biblische Texte zurück, die im neuen Testament Zeugnis vom Glauben und von der Verkündigung des Apostels Paulus geben. Die-

ser hat zwar bekanntlich den als Prediger umherziehenden Jesus nicht persönlich erlebt, wurde aber durch seine Christus-Visionen zu der allgemein anerkannten zentralen Gestalt der frühen Kirche, die das Christentum nach Europa brachte. Bekannt ist der Bericht in der Apostelgeschichte (Apg 9,3 ff) wo Paulus auf dem Weg nach Damaskus eine Christus-Erscheinung hat, die ihn zum Glauben führt. Auch später machte er offensichtlich noch weitere tiefe spirituelle Erfahrungen (2 Kor 12,2–4).

Im Kolosserbrief (Kol 1,15–19) lesen wir mit Teilhard: »Er ist das Bild des unsichtbaren Gottes, der Erstgeborene vor aller Schöpfung. Denn in ihm ward alles erschaffen, im Himmel und auf Erden; das Sichtbare und das Unsichtbare, seien es Throne oder Hoheiten oder Herrschaften oder Gewalten: alles ist erschaffen durch ihn und auf ihn hin. Und er ist vor allem, und alles hat in ihm Bestand. Und er ist das Haupt seines Leibes, der Kirche. Er ist der Anfang, der Erstgeborene aus den Toten, damit er in allem den Vorrang habe. Denn Gott gefiel es, in ihm die ganze Fülle wohnen zu lassen …«

Große Denker und Beter des Christentums haben immer wieder über solche Stellen meditiert und sich gefragt, ob wir in der konventionellen Theologie die Bedeutung dieser Texte ernst genug nehmen. Schon im 13. Jahrhundert wehrte sich Meister Eckhart gegen die Vorstellung, Gott als ein im Himmel thronendes Wesen zu sehen, spricht davon, dass Gott im Alltag, bei der Arbeit genauso zu finden sei wie in »Andachten und süßen Empfindungen«.

Ein anderer Großer der Kirchengeschichte, Nicolaus Cusanus (Kardinal, Mathematiker, Historiker), schreibt im 15. Jahrhundert, die Hauptabsicht Gottes mit der

Fleischwerdung des Wortes sei es gewesen, das Universum zur Vollkommenheit zu führen.
In all diesen Texten leuchtet die Ahnung auf, dass Gott viel größer ist, als wir ihn im konventionellen Christentum gerne denken; vor allem aber auch, dass der Weg zu ihm auch mitten durch die materielle Alltagswelt hindurch gehen kann.

Der bleibende Sinn unserer Arbeit

Von dem Gedanken ausgehend, dass Christus das Ziel der Evolution ist, sieht Teilhard in unserer Alltagsarbeit eine völlig neue Bedeutung, einen viel tieferen Sinn: »So demütig und verborgen unser Tun auch sein mag, sofern es nur in Richtung der Einswerdung getan wird, verwirklicht es ein Atom an Mehrsein, und dieses wird im besten seiner selbst unmittelbar für immer vom totalen Christus assimiliert. Im Universum ist jede materielle Wachstumsbewegung letzten Endes für den Geist, und jede geistige Wachstumsbewegung ist letzten Endes für Christus« (MU 60).
Wie viele Menschen leiden doch darunter, ihr Dasein, ihre Arbeit als sinnlos zu empfinden – gerade in jenen Zeiten und Teilen der Welt, in denen der Wohlstand verbreitet ist. »Sinnkrise« ist in unseren Tagen zu einem häufig gebrauchten Begriff geworden – Erzieher, Psychologen, Therapeuten sind nur allzu oft damit konfrontiert. In manchen Berufen und Lebenssituationen mag der Nutzen der eigenen Tätigkeit ziemlich offensichtlich sein. Aber nicht nur Menschen mit prestigeträchtigen Aufgaben in der Forschung oder im Gesundheits- und Sozialwesen, in der Kindererziehung oder in der Nahrungsmittelproduktion dürfen im Sinne der Teilhard'schen Spiritualität in ihrem Beruf Sinn

finden, sondern auch jene, die scheinbar oft Sinn-tötende Tätigkeiten am Fließband, zwischen Zahlenkolonnen, im grauen Verwaltungsalltag auszuüben haben. Soweit wir die Geschichte der Menschheit zurückverfolgen können, erkennen wir, dass Erfindungen, Kulturleistungen die Lebensmöglichkeiten des Einzelnen und der menschlichen Gesellschaft insgesamt erweitert haben. Von der Erfindung des Rades bis zu den ausgeklügelten Bewässerungssystemen im alten Orient, vom Fortschritt der Medizin bis zur Weltraumfahrt; jeder dieser Schritte bedeutete auch ein Mehr an Lebenschancen. In Teilhards Texten spricht er als Naturforscher oft von den technischen Erfindungen, doch ist klar, dass auch gesellschaftliche Erfindungen im Bereich der Rechts-, Wirtschafts- und Sozialsysteme mitzudenken sind. Die Menschheit ist damit heute zu einer Kommunikationseinheit geworden. Hatte Paulus und mit ihm die traditionelle Theologie noch vom »mystischen Leib Christi« gesprochen, so weitet Teilhard diesen Begriff auf »kosmischen Leib Christi« aus; denn für ihn gibt es den Organismus der Menschheit nicht ohne die ihn tragende Natur, ebendas, was wir Kosmos nennen.
Unsere Arbeit ist nicht nur ökonomisch notwendig, ist nicht nur Übungsfeld für gute Werke in Hinblick auf ein Leben nach dem Tod. Wir häufen nicht bloß Brennmaterial für eine große Katastrophe am Ende der Welt an – wir bauen an der Schöpfung, letztlich am kosmischen Leib Christi!

Wenn's aber schiefgeht?

Aufgrund dieser von starkem Optimismus getragenen Haltung wird Teilhard oft vorgeworfen, er sei zu optimistisch, es gäbe in seinem Weltbild nicht genügend Platz für Leid, Sünde und Fehlschläge aller Art. Auch wenn man die Evolution als Tatsache akzeptiert, so bleibt für manche die Frage der Zielgerichtetheit der Evolution strittig. Heißt Evolution wirklich »Fortschritt« oder eben nur ständige »Veränderung«? Kritiker weisen darauf hin, dass etwa bei Mutationen im menschlichen Erbgut nur in den allerseltensten Fällen Verbesserungen feststellbar seien, die überwiegende Anzahl seien Fehlschläge, Missbildungen usw.

In einem ausdrücklich theologischen, nicht naturwissenschaftlichen Text argumentiert Teilhard, die zahllosen Versuche zum schrittweisen Eins-Werden bedeuten in frühen Stadien der Evolution Unordnung und Zerstörung. Im Moment, wo Leben auftritt, kommt der Begriff des Schmerzes dazu, ab der Stufe der Menschheit gibt es den Begriff der Sünde. Das Übel ist in dieser Sicht Ausdruck eines Zustandes der noch unvollständig organisierten Vielheit. Bei anderer Gelegenheit argumentiert Teilhard, dass es statistisch wegen des Gesetzes der großen Zahl bei jedem Fortschritt auch Versagen und Irrtümer gebe, das Übel sei damit ein Sekundäreffekt des in Evolution befindlichen Kosmos.

Die Frage, warum ein guter Gott Naturkatastrophen, Erdbeben, Tsunamis usw. zulässt, kann Teilhard genauso wenig beantworten wie schon seit dem Buch Hiob im Alten Testament Generationen von Theologen vor ihm. Er sieht aber zwei Reaktionen für den Menschen: vermeidbares Leid mit aller Kraft bekämpfen, nicht vermeidbares in der Hoffnung auf eine Transformierbarkeit des Leidens als spirituelle Energie zu verstehen – er spricht von einer »Christifizierung des Leidens«.

In verschiedenen Bildern spricht Teilhard auch die allgemein menschliche Erfahrung an, dass Niederlagen und Fehlschläge auch für unsere weitere Entwicklung von Nutzen sein können. Aus Fehlern kann man lernen. Leid, das wir annehmen, kann uns auch empfänglich machen für Gott.

»Der Misserfolg spielt für uns die Rolle, die das Höhensteuer für das Flugzeug oder auch, wenn man es vorzieht, die Baumschere für die Pflanze spielt. Er kanalisiert unseren inneren Saft, er setzt die reinsten ›Komponenten‹ unseres Seins frei, und zwar derart, dass er uns höher und gerade emporsteigen lässt« (GM 86).

Letztlich weiß aber auch Teilhard, dass mit der Evolution keine menschliche Idylle, sondern ein kosmisches Drama abläuft. Seine Darstellung der Entstehung des Menschen schließt er mit der Feststellung, auch ein Wachstum zum Bösen hin sei möglich; seinen eigenen Optimismus begründet er ganz klar religiös: »Gott als Triebkraft, Sammelpunkt und Garant – das Haupt der Evolution.«

Insgesamt bietet Teilhards Sicht des Problems des Bösen bzw. Leidens zwar Konsistenz mit seinem Weltbild insgesamt, doch bleibt auch hier die noch niemals befriedigend beantwortete Frage nach dem letzten »Warum« offen.

Die Energie »Liebe« kann aber gerade in Situationen, wo es um Leid, um Böses, um Schmerz geht, zeigen, wie stark sie ist: durch Mitleiden, Versöhnen, Vergeben. Niemand hat eine größere Liebe als jemand, der sein Leben hingibt für seine Freunde, erst recht für seine Feinde. Unbedingte Liebe ist stärker als alles andere. Unser Leben ist unterwegs zwischen Sterben und unzerstörbarer Lebendigkeit.

Die Christen eines indischen Fischerdorfes, das durch den Tsunami fast völlig ausgerottet wurde, gedachten dieser Katastrophe ein Jahr später mit einer Bootsprozession (!) unter dem Motto »Liebe ist die stärkere Welle«. Eine eindrucksvolle, unvergessliche Aktualisierung des Satzes aus der Feier der Eucharistie: »Deinen Tod, o Herr, verkünden wir, und Deine Auferstehung preisen wir – bis Du kommst in Herrlichkeit!«

Papst Franziskus: »Zeig uns unseren Platz in der Welt!«

Teilhards Brückenschlag zwischen Naturwissenschaft und christlicher Spiritualität lieferte eine tragfähige Grundlage sowohl für eine Spiritualität des Engagements für die Welt als auch für eine sehr positive Antwort auf die Sinnfrage des modernen Menschen. Spätestens mit dem Zweiten Vatikanischen Konzil fanden die Grundlinien seiner diesbezüglichen Überlegungen auch Eingang in die offizielle katholische Lehre, vielfach auch darüber hinaus. In unserer Zeit wird das Anliegen der Bewahrung der Schöpfung von immer breiteren Kreisen verstanden und mitgetragen, auch innerhalb christlicher Kirchen.

Papst Franziskus schließlich betont in der Enzyklika Laudato Si den Eigenwert des ganzen Ökosystems, das ja eine Schöpfung Gottes ist – völlig unabhängig von der menschlichen Nutzung (LS 140). Er fordert uns auf, durch eine ganzheitliche Ökologie für das gemeinsame Haus zu sorgen. Mit ausdrücklicher Bezugnahme auf Teilhard erinnert er uns: »Der Mensch, der mit Intelligenz und Liebe begabt ist und durch die Fülle Christi angezogen wird, ist berufen, alle Geschöpfe zu ihrem Schöpfer zurückzuführen« (LS 83).

»Gott der Liebe
zeig uns unseren Platz in der Welt
als Werkzeug deiner Liebe
zu allen Wesen dieser Erde …
Herr, ergreife uns mit deiner Macht
und deinem Licht, um alles Leben zu schützen,
um eine bessere Zukunft vorzubereiten,
damit dein Reich komme,
das Reich der Gerechtigkeit, des Friedens,
der Liebe und der Schönheit.
Gelobt seist du.
Amen.«
(LS 246)

5. Die Bedeutung der Eucharistie

Eucharistie – ein umfassenderes Verständnis

Auch Menschen, die der christlichen Religion fernstehen, wissen üblicherweise, dass Christen Eucharistie, Messe bzw. Abendmahl feiern. Dieser Ritus gehört zum zentralen Ausdruck christlichen Glaubens und kirchlicher Gemeinschaft. Das Opfer der Gaben von Brot und Wein, das Geschehen der Wandlung und die Kommunion werden als innerste Einigung mit Christus, der menschgewordenen Liebe Gottes, gefeiert, verstanden und gedeutet. Durch die Kirchengeschichte hindurch und bis heute gibt es immer wieder theologische Diskussionen um das rechte Verständnis der Gegenwärtigkeit Christi. Viele Christen erleben diese Fragen aber nicht nur als schwierige theoretische Problemstellungen, sondern leiden schmerzlich unter deren praktischen Konsequenzen, wenn es etwa um die Frage des gemeinsamen Kommunionempfanges geht. Nichtchristen können diese Diskussionen kaum nachvollziehen.

Teilhard beteiligt sich nicht mit großen Gedankenkonstruktionen an der theologischen Diskussion, sondern weitet als Frucht einer tiefen spirituellen Erfahrung den Blick von der Hostie der Eucharistiefeier hin auf das ganze Schöpfungsgeschehen. Damit übersteigt er Tradition und Kirchengeschichte und setzt einen überraschenden Schritt in Richtung Vollendung der Schöpfung.

Die »Messe über die Welt«

Teilhard de Chardin kommt als katholischer Priester ganz eindeutig aus der katholischen Eucharistie-Tradition. Die möglichst tägliche Feier der heiligen Messe ist seine selbstverständliche Aufgabe als Priester, ist gleichzeitig Vorrecht und Standespflicht, Gegenstand seiner Meditation und seines Gebets. Seine Meditationen und auch mehrere mystische Erfahrungen führen ihn aber weit über das traditionelle Eucharistie-Verständnis hinaus.

Der äußere Anlass seines wichtigsten Textes zu diesem Thema (»Messe über die Welt«, HM 120 ff) ist ein ganz praktischer: Der Naturforscher ist unterwegs in den wüstenhaften Steppen Chinas, es fehlt ihm gewissermaßen das Handwerkszeug für die übliche Messfeier – er hat weder Brot noch Wein noch Altar. Innerlich beschäftigt ihn jedoch schon lange das Thema, ob und wie die eucharistische Gegenwart ins Universum ausstrahlt. Dazu ist noch gerade der Festtag der Verklärung Jesu, an dem uns die Evangelien (Mt 17,1–9, par. Mk und Lk) berichten, dass am Berg Tabor Jesu Leib und Kleider zu strahlen begonnen hätten. Für die drei begleitenden Jünger seien die Propheten Moses und Elias sichtbar geworden – insgesamt wohl ein Einbruch der Transzendenz in den Alltag, der völlig unerwartet, aber so eindrücklich war, dass die Jünger zunächst darüber schweigen sollten.

Teilhard will sich anlässlich dieser Situation »über die Symbole erheben, zur reinen Majestät des Wirklichen, und … auf dem Altar der ganzen Erde die Arbeit und die Mühsal der Welt darbringen … Statt der Opfer des Alten Bundes, als man dem Herrn die Erstlinge der Ernten und die besten Stücke der Herden darbrachte,

… geht es für ihn nun um das Opfer des Wachsens der Welt, mitgerissen vom universellen Werden.«
In einer mystischen Erfahrung sieht Teilhard eine Monstranz, in der sich die zur Schau gestellte Hostie immer weiter ausweitet und letztlich damit zu einem Aufglühen der ganzen Welt (HM 99) führt. In seiner Vision durchstrahlt die Hostie alles von innen.
Dieses Bild hat offensichtlich auch mit der persönlichen Spiritualitätsgeschichte Teilhards zu tun: Schon der kleine Pierre wurde als Kind von seiner Mutter zu einer intensiven Herz-Jesu-Verehrung angehalten, die damals insbesondere in Frankreich sehr verbreitet war. Später sieht Teilhard auch die Schattenseiten dieser Andachtsform, sieht in der Liturgie eine Überbetonung des Sühnecharakters und weiß auch um die Gefahr der Verkitschung in den künstlerischen Darstellungen dieses Themas. Trotz allem: Für Teilhard bleibt das Herz Jesu ein wichtiges Symbol der göttlichen Strahlungskraft und Liebe. Diese Strahlkraft geht für ihn weit über das bloße Herz hinaus, das Symbol wird viel umfassender. Noch als alter Mann bekennt er seine kindliche Prägung durch die Herz-Jesu-Verehrung.
Jahre nach Teilhards Tod beklagt der Jesuiten-General Pedro Arrupe, dass bei den Christen im Allgemeinen, aber auch bei den Jesuiten im Besonderen, die Herz-Jesu-Verehrung aus der Übung gekommen sei und das Image des vergangenen 19. Jahrhunderts habe. Er verweist auf Teilhard, der auch als Naturwissenschaftler einen modernen Zugang zu dieser Andachtsform gefunden habe. Er erinnert daran, dass wir inzwischen gelernt haben, die Existenz der machtvollen radioaktiven Strahlung sehr ernst zu nehmen, aber immer noch skeptisch seien bei der geistigen Strahlkraft des Herzens Jesu.

Leben als Kommunion

In diesen und zahlreichen anderen Texten will Teilhard uns verständlich machen: Bei Eucharistie/Abendmahl geht es nicht primär um eine Rückschau in die Zeit vor 2000 Jahren, sondern um den Beginn einer neuen Epoche. »Alle Kommunionen eines Lebens bilden eine einzige Kommunion. Alle Kommunionen aller derzeit lebenden Menschen bilden eine einzige Kommunion. Alle Kommunionen aller gegenwärtigen, vergangenen und zukünftigen Menschen bilden eine einzige Kommunion« (GM 146). Damit wird die menschliche Welt zu einer Zone fortgesetzter geistiger Transformation. Ebenso wie die Schöpfung dauert auch die Menschwerdung Gottes (Inkarnation) an, solange die Welt besteht. Teilhard meint aber, dass in der Frömmigkeit vieler Gläubiger die Hostie nur als lokalisiertes, äußeres Element gesehen wird, dem man sich ab und zu nähern könne, während man meist außerhalb lebe. Die Materie dieses Sakraments ist aber die Welt selbst, in der sich Christus ausbreitet, um sie zu vollenden. »Die Welt ist die endgültige und wirkliche Hostie, auf die Christus nach und nach bis zur Vollendung ihrer Zeit herabsteigt« (TL 239).

In der katholischen Tradition der Eucharistie-Verehrung spielt die Frage eine große Rolle, wer überhaupt und wann man würdig sei, die Kommunion zu empfangen. In der Spiritualität Teilhards verschiebt sich diese Problematik ganz wesentlich. In seinem mystischen Text »Die geistige Potenz der Materie« schreibt er: »Wiederhole also nicht mehr: die Materie ist verurteilt – die Materie ist schlecht! – Jemand ist gekommen, der gesagt hat: ›Ihr werdet Gift trinken, und es wird euch nicht schaden.‹ Und weiter: ›Das Leben wird aus dem Tod hervorgehen‹ – und schließlich, da er das endgültige Wort meiner Befreiung aussprach: ›Dies ist mein Leib.‹ – Nein, die Reinheit ist nicht in der Absonderung, sondern in einer tieferen Durchdringung des Universums. Sie ist in der Liebe zum unumschriebenen, einzigen Wesen, das alle Dinge von innen durchdringt und durchwirkt – weiter als der sterbliche Bereich, in dem Personen und die Zahlen sich bewegen« (HM 113). Schließlich: »Gott strahlt auf dem Gipfel der Materie, deren Ströme ihm den Geist brachten.«

Es geht nicht darum, ob jemand brav genug war, um als Belohnung die Eucharistie empfangen zu dürfen. Es geht in der Spiritualität Teilhards um ein Einklinken in die Vergeistigung der Materie, die mit Jesus offenbar wurde. Dieser Auftrag gilt allen Menschen aller Religionen, zu allen Zeiten.

Mit anderen Worten, eine zeitgemäße Spiritualität blickt beim Thema Eucharistie nicht primär in die Vergangenheit, sondern sieht darin den Beginn einer neuen Dynamik, die Durchgeistigung, die göttliche Durchdringung der Materie, des Kosmos. Wer bei dieser Thematik bei kirchenrechtlichen oder disziplinären Fragen stehenbleibt, denkt zu eng.

Aus Teilhards Spiritualität ergibt sich hingegen folgendes Gebet: »Ich werde der eucharistischen Berührung mit der ganzen Anstrengung meines Lebens antworten … Die Eucharistie muss mein Leben überfluten« (GM 150).

Ein Gebet von Henri Boulad in seinem Buch »Der mystische Leib« bringt diese Sicht von Teilhard zum Ausdruck:

»Auge des Wirbelsturms …
die unzählbaren Staubteilchen der Galaxie ›Mensch‹
saugst du unaufhaltsam in deinem Sog
hinein in deines Wesens Mitte.
Achse des Rades! Achse der Geschichte.
Radachse der Menschheitsgeschichte.
Dich in der Kommunion empfangen
und dazu alles andere.
Und meine Kommunion mit dir
bedeutet Kommunion der Menschen untereinander,
denn die Vielzahl der Speichen, mit dir vereint,
bilden das Rad gesamtmenschlicher Existenz.
Einswerdung mit den anderen
heißt, sich mit dir verbinden,
denn in dieser starken Mitte
vereinst du uns alle in unserer Wesenstiefe.«

6. Liebe als Energieform

Warum gibt es uns überhaupt?

Teilhards Zugang zum Thema »Liebe« geht zunächst überraschenderweise weder von der Religion noch der Poesie noch der Psychologie aus, sondern von der Physik und dem dort verwendeten Begriff der Energie. Er definiert Energie als Vermögen zu wirken, als Bindungskraft, als das Maß dessen, was im Laufe der Umwandlungen der Atome von einem zum anderen übergeht (MK 16). Im Sinne der modernen Physik und Kosmologie strebt diese Energie (Teilhard nennt sie tangentiale Energie) zum Zustand der größten Wahrscheinlichkeit, letztlich zur Entropie, d.h. zum Wärmetod des Kosmos. In völligem Gegensatz dazu sieht Teilhard eine zweite Art von Energie (er nennt sie »radial«), die zu statistisch gesehen immer unwahrscheinlicheren Zuständen strebt. Nur so ist die Entwicklung des Kosmos, des Sonnensystems, der Erde, des Lebens zu deuten: Der Naturwissenschaftler spricht von Evolution, der Theologe von der Schöpfung. Die gängigen Konzepte der Naturwissenschaft können zwar mehr oder weniger erklären, wie die Welt und wir funktionieren, aber nicht, warum es überhaupt Leben, Menschen, mich und dich gibt.

Schöpfen heißt Vereinigen

Energiephänomene wie elektromagnetische Anziehung und Abstoßung, Kohäsion und Adhäsion bei Molekülen sind Schritte auf dem Weg der Evolution, Liebe und Hass beschreiben entsprechende Phänomene der Bindungsenergie im menschlichen Bereich. Auch im Bereich der den Menschen entwicklungsgeschichtlich relativ nahen Tiere wie Säugetiere und Vögeln, können wir Ausdrucksformen von Liebe erkennen, man denke an sexuelle Leidenschaft, Mutterinstinkte, soziale Solidarität innerhalb der Gruppe usw. Im Weltbild Teilhards ist die Energieform »Liebe« die zentrale Kraft schlechthin für das Fortschreiten der Evolution, für die Weiterentwicklung der Schöpfung. Das Auftreten einer Religion der Liebe in der Geschichte ist also auch naturwissenschaftlich nicht belanglos, sondern logischer Fortschritt in der Entwicklung des Kosmos. Bewusster und gezielter Einsatz dieser Energie durch den Menschen bedeutet Mitwirken an der Schöpfung.

Sein – Lieben – Anbeten

Sein – Lieben – Anbeten sind für Teilhard die natürlichen Phasen der Personwerdung. Er prägt dafür den Begriff »Personalisation« und schreibt: »Drei ineinandergreifende Stufen in der Aufsteigebewegung des Lebens; und folglich auch drei sich aufschichtende Stufen des Glücks – wenn das Glück wirklich, wie wir erkannt haben, unauflöslich mit der Geste des Aufsteigens verbunden ist. Glück des Wachsens – Glück des Liebens – und Glück des Anbetens. Das ist in letzter Konsequenz die dreifache Seligkeit, die wir theoretisch im Ausgang von den Gesetzen des Lebens vorauszusehen vermögen« (Glück des Daseins, 36).
Die erste dieser Stufen ist allgemein anerkannt. Eltern bemühen sich, schon dem Kleinkind lebenswichtige Fähigkeiten beizubringen, ein gewisses Maß an Schulbildung ist heute auf der ganzen Welt verpflichtend.

Bildungssysteme werden laufend ausgebaut, wir sprechen von lebenslangem Lernen, es gibt eigene Wissenschaften wie Entwicklungspsychologie und Pädagogik. Es gibt nationale Bildungsministerien, europäische internationale Studien-Förderungsprogramme, sogar weltweite Organisationen wie die UNESCO.

Auch Werbefachleute wissen um das Streben der Menschen nach Mehr-Sein, nach Prestige oder anderen Arten volleren Seins und suggerieren, dieses könnte durch Konsum von Waren und Dienstleistungen erreicht werden. So allgegenwärtig dieser Gedanke heute auch ist, so klar ist auch, dass er in eine Sackgasse führt. Dass man sich zwischen »Haben« und »Sein« entscheiden muss, hat etwa Erich Fromm sehr deutlich ausgeführt.

Erst wer im »Sein« gereift ist, kann zur »Liebe« finden!

Erotik in die Theologie einbauen!

Im Deutschen verwenden wir das Wort »Liebe« in mehreren Bedeutungen, eine davon betrifft die erotische Leidenschaft.

Teilhard stellt fest: »Eine paradoxe Tatsache, die Liebe (im Sinne von ›Leidenschaft‹) ist trotz ihrer Allgegenwart und Gewalt bisher außerhalb aller rationalen Systematisierung der menschlichen Energie gelassen worden. Empirisch sind die Sittenlehren dahin gelangt, ihren Gebrauch, koste es, was es wolle, in Bezug auf die Erhaltung und materielle Fortpflanzung des Geschlechts zu kodifizieren … aber: … Die Liebe ist ebenso wie das Denken in der Noosphäre (Zone des Geistes) immer in vollem Wachstum. Der Überschuss ihrer wachsenden Energien über die jeden Tag geringeren Bedürfnisse der menschlichen Fortpflanzung springt mit jedem Tag mehr in die Augen. Diese Liebe strebt also dahin, in ihrer voll hominisierten Form eine weit umfassendere Funktion zu erfüllen als die einfache Berufung zur Fortpflanzung. Zwischen dem Mann und der Frau schlummert wahrscheinlich noch ein spezifisches und wechselseitiges Vermögen der Sensibilisierung und geistigen Befruchtung, das verlangt, sich in einem unwiderstehlichen Elan in Richtung all dessen zu befreien, was Schönheit und Wahrheit ist. Es wird erwachen« (TL 148).

Im Alltag, in der Trivialliteratur, in den großen Werken der Dichtung, der Malerei, der Künste allgemein ist Erotik ein Hauptthema. In der christlichen Theologie wich man traditionell diesem Themenkreis entweder aus oder behandelte ihn vor allem als Gefahr, als Versuchung – wohl weil man die darin steckende Energie als unkontrollierbar fürchtete. (Sogar der sehr eindeutig erotische Text des Buches Hohelied im Alten Testament wurde durch die Interpretation, es ginge dabei um die Liebe zwischen Jahwe und Israel, gewissermaßen theologisch entschärft.)

Wenn Teilhard Liebe als Energie versteht, muss er bei der Kraft der Erotik beginnen. Er verfasst einen zentralen Text, den er in das Gewand eines dichterischen Hymnus kleidet. In Anlehnung an Dantes »Göttliche Komödie« widmet er den Text Beatrice, der geliebten Frau, die dort den Seher in das Paradies führt. Er verwendet Goethes Begriff des »Ewig-Weiblichen«, das den suchenden und forschenden Faust letztlich rettet; und er transponiert aus der Weisheitsliteratur des Alten Testaments (Spr 8,23–31).

»Hymnus auf das Ewig-Weibliche«

»Ich bin erschienen von Anbeginn der Welt. Vor aller Zeit bin ich aus den Händen Gottes hervorgegangen – ein Anfang, ausersehen, in der Zeiten Lauf an Schönheit zuzunehmen, als Mitwirkende an seinem Werk. Alles im Universum ist Werk der Vereinigung und Befruchtung – geschieht durch Sammlung der Elemente, die sich suchen und zu zweit miteinander verschmelzen und so wiedergeboren werden in einem Dritten. … Durch mich gerät alles in Bewegung und Beziehung. … Ich bin das wesenhaft Weibliche.
Stufenweise habe ich mich individualisiert, … differenzierter in dem Maß, als die Seelen einer reicheren, tieferen und vergeistigteren Einigung fähig wurden … Im Leben habe ich begonnen, mich zu offenbaren. Doch der Mensch ist der erste, der mich in der Verwirrung, in die ihn meine Gegenwart gestürzt hat, erkannt hat. Wenn der Mann eine Frau liebt, hat er zunächst die Vorstellung, seine Liebe wende sich einem Einzelwesen zu, wie er selbst eines ist, das er umgreift, so gut er es vermag, und das er frei sich zugesellt … Bald jedoch erstaunt er über das Ungestüm, das bei meinem Nahen in ihm aufbricht, und er erzittert bei der Feststellung, dass er sich nur mit mir vereinen kann, wenn er sich zwangsläufig als Diener eines universellen Werkes der Schöpfung ergreifen lässt. Er dachte, neben sich nur eine Gefährtin zu finden; doch wird er gewahr, dass er in mir die große geheimnisvolle Macht, die geheimnisvolle Verborgenheit berührt, die ihn unter dieser Gestalt ereilt, um ihn mit sich zu reißen.
Wer mich gefunden hat, steht am Eingang aller Dinge. … Ich bin der Zutritt zum Herzen der ganzen Schöp-

fung – das Tor zur Erde – die Initiation. Wer mich nimmt, gibt sich mir hin, und er wird vom Universum ergriffen …

Als er gesehen hat, dass ich für ihn das All war, hat er geglaubt, er könne mich in seinen Armen umschließen. Er hat sich mit mir in einer geschlossenen Welt zu zweit einschließen wollen, wo wir uns genügen würden. Genau in diesem Augenblick bin ich in seinen Händen zerflossen … Und es hat den Anschein erwecken können, ich sei die Verderbnis der Menschheit – die Versuchung! Von dem Augenblick an also, da ihr versucht, mich festzuhalten und mich unter einer völlig fertigen Gestalt zu besitzen, erstickt ihr mich … Mehr noch, ihr verderbt mich, ihr kehrt mein Wesen planmäßig um.

Ungeübt, Schein von Wahrheit zu unterscheiden, hat der Mensch lange nicht gewusst, ob er mich fürchten oder verehren sollte …

Ich verführe immer, aber zum Lichte hin. Ich reiße mit fort, aber in die Freiheit hinein … Die mich behalten wollen, werden sich mit mir wandeln müssen« (FS 235ff).

Teilhard schrieb diesen Text im Jahre 1918, er ist zu diesem Zeitpunkt 37 Jahre alt, ein Mann in den besten Jahren. Er ringt mit dieser Fragestellung in doppelter Weise: einmal abstrakt, weil die erotische Liebe in seiner Theorie der allgemeinen Energieform Liebe naturgemäß eine bedeutende Rolle spielt, in der üblichen Lehre der katholischen Kirche jedoch nur in sehr sublimierter Form ihren Platz hat. Anderseits hat er sich persönlich als Priester zu einer zölibatären Lebensform verpflichtet, wozu er zeit seines Lebens treu stehen will, doch wirkt er offensichtlich sehr anziehend auf Frauen.

Aber auch mehr als 30 Jahre später, als nunmehr 69-jähriger Mann, nach vielen inneren und äußeren Kämpfen, bekräftigt Teilhard in dem autobiographischen Text »Das Herz der Materie« unter der Überschrift »Das Weibliche oder das Einigende« sein Anliegen: »Es erscheint mir undiskutabel, dass es beim Mann – selbst wenn er sich noch so sehr dem Dienst einer Sache oder eines Gottes geweiht hat – keinen anderen Zugang zur geistigen Reife und Fülle gibt als durch einen gewissen gefühlsmäßigen Einfluss, der bei ihm die Intelligenz sensibilisiert und, wenigstens anfänglich, die Kräfte des Liebens weckt. Nicht mehr als auf Licht, Sauerstoff oder Vitamine kann der Mann – kein Mann – auf das Weibliche verzichten. … Zwischen einer Ehe, die gesellschaftlich immer auf die Fortpflanzung polarisiert ist, und einer religiösen Vollkommenheit, die theologisch immer in Begriffen der Trennung präsentiert wird, fehlt uns entschieden ein dritter … höherer Weg … erfordert durch die Sinnverschiebung des Begriffes ›Geist‹, nicht mehr der Entmaterialisierung, sondern der Synthese – Materia matrix – mütterliche Materie« (HM 86).

Kann es »Breitband«-Liebe geben?

Dass es erotische Liebe gibt, ist unbestritten, auch wenn sich die Theologie damit bisweilen schwertut. Umgekehrt ist es bei der breiter gefassten Nächstenliebe bis hin zur Liebe zur Menschheit: Diese ist zwar ein Hauptthema der christlichen Lehre, aber ihre Kraft, ja sogar ihre Existenz, wird außerhalb dieser immer wieder in Frage gestellt.

Teilhard erinnert uns, dass im positiven Fall die erotische Liebe der Saft schlechthin für soziale Beziehungen ist, aber dementsprechend auch mit Risiko verbunden ist: »Es bedeutet ein großes Risiko, eine große Liebe in einem Herzen zuzugeben, das stark empfindet, denn das bedeutet, sich dem Zugriff des Leidens im Innersten und Lebendigsten seiner selbst auszusetzen« (TL 153).

Umgekehrt kann die vom Evangelium geforderte Nächstenliebe zunächst durchaus Überwindung kosten. In der wohl bekanntesten Evangelien-Stelle zum Thema »Nächstenliebe«, dem Gleichnis vom barmherzigen Samariter, wird das sehr deutlich: »Ein Mann ging von Jerusalem hinab nach Jericho und fiel unter die Räuber; die plünderten ihn aus, schlugen ihn, machten sich davon und ließen ihn halbtot liegen. Zufällig ging ein Priester denselben Weg hinab. Er sah ihn und ging vorüber. Ebenso kam ein Levit an der Stelle vorbei, sah ihn und ging vorüber. Ein Samariter aber, der des Weges zog, kam in seine Nähe, sah ihn und wurde von Mitleid bewegt. Er trat hinzu, verband seine Wunden und goss Öl und Wein darauf; dann setzte er ihn auf sein eigenes Lasttier, brachte ihn in eine Herberge und trug Sorge für ihn. Am nächsten Tag zog er zwei Denare heraus, gab sie dem Wirt und sprach: Trage Sorge für ihn, und was du darüber noch aufwenden wirst, will ich dir erstatten, wenn ich wiederkomme« (Lk 10,30–35).

Bevor der sprichwörtlich gewordene barmherzige Samariter am Opfer des Raubüberfalls vorbeikommt, passieren ja zwei andere Menschen die Stelle; diese sind sogar religiös herausgehoben, als Priester bzw. als Levit. Sie gehen ihres Weges, erfüllen wohl verlässlich ihre Alltagsaufgaben, aber wollen sich auf die mühsame Hilfe für das Raubopfer nicht einlassen. Dafür fehlt ihnen die nötige Energie. Teilhard bekennt, dafür zu-

nächst Verständnis gehabt zu haben: »Mein Gott, ich bekenne, ich verhielt mich lange und ich verhalte mich leider noch der Nächstenliebe gegenüber widerstrebend ... Die Hingabe, die Du von mir für diese Brüder verlangst – die einzige Hingabe, die meinem Herzen möglich ist – ist nicht die erfüllte Zärtlichkeit dieser privilegierten Zuneigungen, die Du in unser Leben als den machtvollsten geschaffenen Faktor unseres inneren Wachstums legst. Sie ist etwas weniger Süßes, aber ebenso Wirkliches und Stärkeres ... Du verpflichtest mich ebenso wenig gegenüber dem Nächsten zu scheinheiligen Liebesbekundungen ... Vielmehr zwingst Du ganz einfach durch Deine Offenbarung und Gnade das, was in uns am Menschlichsten ist, sich endlich seiner selbst bewusst zu werden. ... Eine unerhörte geistige Kraft schlummert am Grunde unserer Vielheit ... Mein Gott, lass für mich im Leben des anderen Dein Angesicht aufleuchten« (GM 178–180).
Wenn die Energie der Liebe im Sinne der allgemeinen Caritas wirksam werden soll, muss sie »von oben« gezogen werden. »Solange das Kollektiv die Person absorbiert oder zu absorbieren scheint, tötet es die Liebe vor ihrer Geburt. So beschaffen, ist das Kollektiv wesentlich unliebenswert. Eben hieran scheitern die philanthropischen Bemühungen. Der gesunde Verstand hat Recht. Der anonymen Zahl kann man sich nicht schenken. Doch sobald das Universum vor uns und für uns ein Antlitz und ein Herz gewinnt, sobald es sich sozusagen personifiziert, werden in der von diesem Brennpunkt geschaffenen Atmosphäre die Anziehungstendenzen der Elemente die Möglichkeit finden, sich zu entfalten« (MK 261).
Wenn am Ende des Gleichnisses der Samariter den Wirt nicht nur für die bisherigen Aufwendungen, son-

dern auch für zukünftige Aufwendungen bezahlt (sogar mit Ausfallshaftung!), so klingt darin eine Ahnung von späteren Sozialsystemen an, die nicht nur einem individuellen Opfer helfen wollen, sondern systematisch Hilfe leisten. Mit Energie gelebte Nächstenliebe kann auch vorausdenken, kann sich in privaten oder auch staatlichen Hilfsorganisationen und Sozialsystemen äußern.

Wichtig ist dabei jedoch, dass selbst dann, wenn Liebe gewissermaßen institutionalisiert wird, auch inmitten großer Zahlen der einzelne Mensch im Blickpunkt bleibt. Die großen politischen Massenbewegungen des 20. Jahrhunderts, wie Kommunismus oder Nationalsozialismus, schienen auf den ersten Blick ja einen Schritt zur Vereinigung zumindest eines Teiles der Menschheit darzustellen, einer gesellschaftlichen Klasse, Nation oder Rasse. Im Vordergrund stand aber nicht Liebe, sondern Kampf einer Klasse, einer Nation gegen andere; damit kam es zum Kampf der Kollektive, zu einem Zerrbild umfassender Liebe und gleichzeitig auch zu extremen Vermassungserscheinungen. Der Naturwissenschaftler Teilhard verwendet den Vergleich »tote Kristallisation statt lebendige Zellbildung«. Es wurde klar, dass Gleichheit ohne Brüderlichkeit ins Unheil führt. Teilhard geht aber noch einen entscheidenden Schritt weiter: Er sieht die Anziehungskraft der Liebe im göttlichen Milieu, hin zu einem Punkt Omega, dem Anziehungspunkt und Zielpunkt der Evolution.

Liebe wirkt Wunder und führt zu Anbetung

Die Bild- und Gleichnissprache des Johannes-Evangeliums unterstreicht diese Entwicklung besonders deutlich. Das erste wunderbare Zeichen Jesu, das in diesem Evangelium berichtet wird, geschieht bei der Hochzeit von Kana (Joh 2,1–11). Mehrere hundert Liter Wasser werden in Qualitätswein verwandelt, damit ein Brautpaar seine Hochzeit mit einer großen Gesellschaft feiern kann. Materie wird angereichert, zu enge Grenzen werden zur Feier der Liebe überwunden. Den Hintergrund ahnen nur einige Bedienstete.

Im Bericht über die Brotvermehrung (Joh 6,1–15) kann die ursprünglich vorhandene, materielle Essensmenge von fünf Broten und zwei Fischen für mehrere tausend Menschen ganz offensichtlich nicht ausreichen. Durch Jesu Wirken verwandelt sich das Versorgungsproblem überraschend in ein Abfall-Entsorgungsproblem – es herrscht Überfülle. Die Menge ist begeistert.

In den Abschiedsreden Jesu im Johannes-Evangelium serviert Jesus seinen Jüngern schwere Kost, die sie nicht immer leicht verstehen können. In diesem Zusammenhang verwendet er auch das Weinstock-Gleichnis (Joh 15,5): »Ich bin der Weinstock, ihr seid die Rebzweige. Wer in mir bleibt und ich in ihm, der bringt viele Frucht. Denn ohne mich könnt ihr nichts tun.«

Dieses Tun ist aber sehr konkret. Während bei der Beschreibung des Abendmahles in den Evangelien nach Matthäus, Markus und Lukas die Einsetzung der Eucharistie beschrieben wird, steht bei Johannes an dieser Stelle stattdessen der Bericht über die Fußwaschung (Joh 13). Dort fordert Jesus sehr eindrücklich die Jünger auf, seinem Beispiel zu folgen (Joh 13,14); das heißt, einander zu dienen. Das ist nicht nur Ermutigung, sondern klare Aufforderung zur Liebes-Tat.

Die universelle Bindungskraft, die für das Werden des

Kosmos, der Schöpfung Voraussetzung ist, wird auf Ebene der Person Liebe genannt. Wir erleben sie im zwischenmenschlichen Bereich als Elementarkraft. Wenn unser inneres Wachstum unseren Horizont entsprechend erweitert, dehnt sie sich schrittweise aus in Richtung Menschheit und Umwelt insgesamt. Die christliche Botschaft lässt uns erkennen, dass wir einerseits von einem göttlichen Du gezogen werden, aber auch den Auftrag haben, im Sinne dieser Kraft aktiv zu handeln.
In der Bildsprache des Johannes ausgedrückt: Die Rebzweige leben aus der Kraft des Weinstocks, die Fußwaschung ist unser Auftrag und gleichzeitig Symbol unserer Verbundenheit mit Gott. Die Wunder zeigen uns, was in dieser Kraft alles möglich wird. »Wenn wir einander lieben, dann bleibt Gott in uns, und seine Liebe ist in uns vollendet« (1 Joh 4,12).

7. Die große Zusammenschau

Ein Leitmotiv im letzten Buch des Neuen Testaments, der Geheimen Offenbarung des Johannes (Apokalypse), ist der Satz »Ich bin das Alpha und das Omega, spricht der Herr Gott, der da ist und der da war und der da kommt, der Allherrscher« (Apk 1,8). Alpha steht dabei für den ersten, Omega für den letzten Buchstaben des griechischen Alphabets – dazwischen liegt alles Sein, alle Entwicklung. Wenn wir versuchen wollen, das zu verstehen, können wir grundsätzlich zwei Wege gehen: Wir können naturwissenschaftlich versuchen, Bestandteile und Mechanismen der Welt, des Kosmos möglichst genau zu analysieren, d.h. nach Details fragen: Wie war das? Wie funktioniert das? Oder wir können versuchen, das Ganze, das Ziel zu sehen – der Weg der Spiritualität: Warum ist das so?

Alpha

Im modernen Weltbild vermuten wir, dass der Anfang, das »Alpha«, rund 13.700.000.000 Jahre zurückliegt; aktuelle Theorien der Kosmologie führen in kaum vorstellbare Dimensionen von Raum und Zeit. Der Naturwissenschaftler Teilhard beschäftigte sich beruflich/wissenschaftlich mit der Vorgeschichte der Menschheit, eigentlich nur mit einem kleinen Abschnitt dieser unvorstellbaren Zeiträume, aber schon da lernte er Staunen.

Dass es im Laufe der Geschichte des Kosmos zum Entstehen unseres Planeten Erde, des Lebens, des Menschen kam, ist rein statistisch betrachtet extrem un-

wahrscheinlich gewesen. Wissenschaftlich können wir viele Prozesse, die dazu beigetragen haben, zwar beschreiben, aber die letzte Frage nach dem »Warum« bleibt offen. Teilhard erkannte, dass eine elementare Bindungskraft eine zentrale Rolle spielt.
Anfang des 20. Jahrhunderts erfolgte im naturwissenschaftlichen Weltbild eine wichtige Erweiterung: Albert Einsteins Relativitätstheorie ist zwar nicht leicht verständlich, aber inzwischen wissenschaftlich anerkannt: Es gibt einen formelmäßig beschreibbaren Zusammenhang zwischen Masse und Energie.
Etwa gleichzeitig sah Teilhard de Chardin, dass unbeschadet der Schwerpunkte der traditionellen christlichen Lehre die Wirklichkeit Jesu auch noch viele weitere, bisher wenig beachtete kosmisch relevante Dimensionen hat. Er sprach vom »immer größeren Christus« (HM 83), nannte ihn »Christus evolutor«. Teilhards Thesen wurden viel diskutiert, sind aber immer noch umstritten.

Omega – »Oh immer größerer Christus!«

Teilhard sieht im Auftreten der Person Jesus Christus und in seiner Botschaft der Liebe ein Aufleuchten des Punktes Omega nicht nur als ein religionsgeschichtliches Ereignis, sondern als Zielpunkt der Evolution des ganzen Kosmos. Er deutet Liebe als Form der elementaren Bindungskraft der Evolution, als die wichtigste Energieform, über die wir Menschen verfügen und die uns anvertraut ist. Wie an den Polen der Erde die Meridiane letztlich zusammenlaufen, so führen, in hinreichend großem Maßstab betrachtet, Naturwissenschaft, Mystik, jedes Suchen des Menschen letztlich zu anbetendem Staunen.

Die Evangelien berichten, dass beim Tod Jesu der Vorhang des Tempels zerriss. Das ist wohl kein Bericht über die Qualität von alten Textilien, sondern ein damals noch mehr als heute verständliches Bild dafür, dass die Trennung zwischen Gott und Welt überwunden ist.

Ähnlich der etwa zeitgleichen Weiterentwicklung der Physik übersteigt auch Teilhard traditionelle Ansätze der Theologie:

- In der Eucharistie ahnen wir, wie sich Materie in das Strahlen göttlicher Energie verwandelt.
- Unser menschliches Tun wird zum Teil des Schöpfungsprozesses.
- Unser Leiden, unser Tod kann zum Faktor der Vereinigung mit Gott werden.
- Wenn Christus das Haupt des Alls ist (Eph 1,10), geht es nicht nur um unser kleines individuelles Schicksal, sondern um die gesamte Schöpfung. Wir haben sowohl Gesellschafts- wie auch Schöpfungsverantwortung und sind endlich dabei, dies zu lernen.

Wir dürfen hoffen, dass durch die Liebe am Ende der Zeiten alles und alle in Gott sein werden. Ohne diese Liebesenergie droht unserem Universum langfristig der von der Physik und Kosmologie prognostizierte Untergang, die Entropie.

Auch unser individueller Beitrag zu dieser kosmischen Richtungsentscheidung ist gefragt.

Anhang: Anregungen zur Meditation

Zitate Teilhards

Schöpfen heißt Vereinigen (créer, c'est unir)
Die Liebe ist die universellste und geheimnisvollste der kosmischen Energien.
Die Welt wird dem gehören, der ihr auf dieser Erde die größte Hoffnung anzubieten hat.
Die Größe eines Flusses wird erst an seiner Mündung begriffen, nicht an seiner Quelle.
Liebet, oder ihr werdet untergehen! (aimez vous, ou vous périrez!)

»Hymne an die Materie« – ein moderner »Sonnengesang

»Gesegnet seist du, herbe Materie, unfruchtbarer Boden, harter Fels, du, die du nur der Gewalt weichst und uns zwingst, zu arbeiten, wenn wir essen wollen.
Gesegnet seist du, gefahrvolle Materie, gewalttätiges Meer, unzähmbare Leidenschaften, du, die du uns verschlingst, wenn wir dich nicht anketten.
Gesegnet seist du, machtvolle Materie, unwiderstehliche Evolution, immer neu geborene Wirklichkeit, du, die du in jedem Augenblick unseren Rahmen sprengst, uns zwingst, die Wahrheit immer weiter zu verfolgen.
Gesegnet seist du, universelle Materie, grenzenlose Dauer, uferloser Äther – dreifacher Abgrund der Sterne, der Atome und der Generationen –, du, die du, unsere engen Maße überflutend und auflösend, uns die Dimensionen Gottes offenbarst.
Gesegnet seist du, undurchdringliche Materie, du, die du, überall zwischen unsere Seelen und die Welt der

Wesenheiten gespannt, uns vor Verlangen schmachten lässt, den nahtlosen Schleier der Phänomene zu durchstoßen.
Gesegnet seiest du, tödliche Materie, du, die du uns, eines Tages in uns zerfallend, mit Gewalt in das Herz dessen einführen wirst, was ist …
Du schlägst und du verbindest – du widerstehst und du beugst dich – du stürzest um und du baust auf – du verkettest und du befreist. Saft unserer Seelen, Hand Gottes, Fleisch Christi, Materie, ich segne dich …
Ich grüße dich, mit der schöpferischen Kraft geladenes, göttliches Milieu, vom Geist bewegter Ozean, von dem inkarnierten Wort gekneteter und beseelter Ton.«
(Lobgesang des Alls, 87)

Sterben als Kommunion

»Nachdem ich Dich als den erkannt habe,
der mein erhöhtes Ich ist,
lass mich, wenn meine Stunde gekommen ist,
Dich unter der Gestalt
jeder fremden und feindlichen Macht wieder erkennen,
die mich zerstören oder verdrängen will.
Wenn sich an meinem Körper (oder gar an meinem
Geist)
die Abnutzung des Alters zu zeigen beginnt;
wenn das Übel, das mindert oder wegrafft,
mich von außen überfällt oder in mir entsteht;
im schmerzlichen Augenblick,
wo es mir plötzlich zu Bewusstsein kommt,
dass ich krank bin und alt werde:
besonders in jenem letzten Augenblick,
wo ich fühle, dass ich mir selbst entfliehe,
ganz ohnmächtig in den Händen

der großen unbekannten Mächte,
die mich gebildet haben;
in all diesen düsteren Stunden,
lass mich, Herr, verstehen,
dass Du es bist,
der – sofern mein Glaube groß genug ist –
unter Schmerzen die Fasern meines Selbst zur Seite schiebt,
um bis zum Mark meines Wesens einzudringen
und mich in Dich fortzureißen.« (GM 90)

Albert Einstein und die Liebe

Der berühmte und gefeierte Naturwissenschaftler Albert Einstein (1879–1955) wurde nach dem Zweiten Weltkrieg wegen seiner Haltung zur Atombombe kritisiert. Viele Jahre nach seinem Tod wurde ein ihm zugeschriebener Brief an seine verschollene Tochter weit verbreitet:

»Als ich die Relativitätstheorie vorschlug, verstanden mich nur sehr wenige; und was ich dir jetzt zeigen werde, um es der Menschheit zu übertragen, wird auch auf Missverständnisse und Vorurteile in der Welt stoßen …

Es gibt eine extrem starke Kraft, für die die Wissenschaft bisher noch keine formelle Erklärung gefunden hat. Es ist eine Kraft, die alle anderen beinhaltet und regelt und die sogar hinter jedem Phänomen ist, das im Universum tätig ist und noch nicht von uns identifiziert wurde. Diese universelle Kraft ist die LIEBE.

Wenn die Wissenschaftler nach einer einheitlichen Theorie des Universums suchten, vergaßen sie die unsichtbare und mächtigste aller Kräfte. Liebe ist Licht, da sie denjenigen, der sie gibt und empfängt, beleuchtet.

Liebe ist Schwerkraft, weil sie einige Leute dazu bringt, sich zu anderen hingezogen zu fühlen. Liebe ist Macht, weil sie das Beste, was wir haben, vermehrt und nicht zulässt, dass die Menschheit durch ihren blinden Egoismus ausgelöscht wird.
Liebe zeigt und offenbart. Durch die Liebe lebt und stirbt man. Liebe ist Gott und Gott ist die Liebe. Diese Kraft erklärt alles und gibt dem Leben einen Sinn in Großbuchstaben.
Dies ist die Variable, die wir zu lange ignoriert haben, vielleicht, weil wir vor der Liebe Angst haben, weil es die einzige Macht im Universum ist, die der Mensch nicht gelernt hat, nach seinem Willen zu steuern …
Nach dem Scheitern der Menschheit in der Nutzung und Kontrolle der anderen Kräfte des Universums, die sich gegen uns gewendet haben, ist es unerlässlich, dass wir uns von einer anderen Art von Energie ernähren. Wenn wir wollen, dass unsere Art überleben soll, wenn wir einen Sinn im Leben finden wollen, wenn wir die Welt und alle fühlenden Wesen, die sie bewohnen, retten wollen, ist die Liebe die einzige und letzte Antwort.
Vielleicht sind wir noch nicht bereit, eine Bombe der Liebe zu machen, ein Artefakt, das mächtig genug ist, den gesamten Hass, Selbstsucht und Gier, die den Planeten plagen, zu zerstören. Allerdings trägt jeder Einzelne in sich einen kleinen, aber leistungsstarken Generator der Liebe, deren Energie darauf wartet, befreit zu werden …«

Literaturhinweise

Werke von Teilhard de Chardin

Das umfangreiche Werk Teilhard de Chardins ist in der französischen Gesamtausgabe in 13 Bänden enthalten; auf Deutsch existiert eine ähnlich gegliederte Gesamtausgabe. Im vorliegenden Text sind folgende Bände bzw. Abkürzungen verwendet:

MK – Der Mensch im Kosmos
GM – Das göttliche Milieu
MG – Mein Glaube
FS – Frühe Schriften
HM – Das Herz der Materie

Aus den Sonderbänden
MU – Mein Universum
Lobgesang des Alls
Vom Glück des Daseins
TL – Das Teilhard de Chardin Lesebuch (hrsg. von G. Schiwy)

Sonstige weiterführende Literatur
Boulad, Henri: Der mystische Leib, Bad Sauerbrunn 1993
Cuénot, Claude: Unsere dynamische Welt, Olten 1968
Gemmingen, Eberhard von: Gott in der Welt entdecken, München/Luzern 1978
Ignatius von Loyola: Bericht des Pilgers, Ausgabe Frankfurt 1999 (abgekürzt mit BP)
Ignatius von Loyola: Die Exerzitien, Ausgabe Einsiedeln 1954 (abgekürzt mit EB)
Schönborn, Kardinal Christoph: Ziel oder Zufall?, Freiburg 2007

Offizielle kirchliche Dokumente
Zweites Vatikanisches Konzil: Die Kirche in der Welt von heute (Gaudium et Spes), 1965 (abgekürzt mit GS)
Papst Franziskus: Enzyklika – Laudato Si, 2015 (abgekürzt mit LS)

In der Reihe **Ignatianische Impulse** sind lieferbar:

Band 1: Willi Lambert, **Das siebenfache Ja.** Exerzitien – ein Weg zum Leben
Band 2: Stefan Kiechle, **Sich entscheiden**
Band 3: Piet van Breemen, **Alt werden als geistlicher Weg**
Band 4: Heiner Geißler, **Glaube und Gerechtigkeit**
Band 5: Cordula und Ottmar Leidner, **Weil ich mit dir wachsen möchte.** Herausforderung Ehe
Band 6: Klaus Mertes, **Verantwortung lernen** Schule im Geist der Exerzitien
Band 7: Karl Frielingsdorf, **Gottesbilder**
Band 8: Christian Troll, **Als Christ dem Islam begegnen**
Band 10: Claudia Bausewein, **Sterbende begleiten**
Band 11: Willi Lambert, **Wovon die Liebe lebt**
Band 12: Eckhard Frick, **Sich heilen lassen**
Band 13: Stefan Kiechle, **Macht ausüben**
Band 14: Franz Jalics, **Der kontemplative Weg**
Band 15: Ignatius von Loyola, **In allem – Gott**
Band 16: Gundikar Hock (Hg.), **Ergriffen vom Feuer**
Band 17: Michael Hainz, **Freundschaft mit Armen**
Band 18: Christian Herwartz, **Auf nackten Sohlen**
Band 19: Albert Keller, **Sinn im Unsinn.** Worüber Jesuiten lachen
Band 20: Christoph Benke, **Sehnsucht nach Spiritualität**
Band 21: Alfred Delp, **Im Angesicht des Todes**
Band 22: Peter Balleis, **Leidenschaft für die Welt**
Band 23: Josef Maureder, **Mensch werden – erfüllt leben**
Band 24: Martin Maier, **Pedro Arrupe – Zeuge und Prophet**
Band 27: Bernhard Waldmüller, **Gemeinsam entscheiden**
Band 28: Christian Rutishauser, **Christsein im Angesicht des Judentums**
Band 29: Thilo Esser/Meike Wagener-Esser, **Als Familie im Glauben wachsen**
Band 30: Elmar Mitterstieler, **Den verschwundenen Flüssen nachgehen.** Gedanken zur geistlichen Begleitung
Band 31: Felix Genn, **Es würde der Welt etwas fehlen.** Pastorale Impulse aus dem Geist der Exerzitien
Band 32: Hermann Kügler, **Versuchungen widerstehen?**

Band 33: Vitus Seibel (Hg.), **Was bedeutet Dir Jesus Christus?**

Band 34: Stefan Kiechle, **Spielend leben**

Band 36: Eckhard Frick/Margret Fühles, **Schöpferisch im Spiel vor Gott.** Bibliodrama und Exerzitien

Band 37: Gabriela Grunden, **Wer glaubt, fragt**

Band 38: Hermann Kügler, **Scheitern**

Band 39: Klaus Mertes, **Widerspruch aus Loyalität**

Band 40: Ursula Dirmeier, **Nicht Furcht, sondern Liebe**

Band 41: Christoph Benke, **Gott ist nicht kleinlich.** Über das christliche Maß

Band 42: Stefan Bauberger, **Der Weg zum Herzgrund.** Zen und die Spiritualität der Exerzitien

Band 43: Medard Kehl/Stephan Ch. Kessler, **Priesterlich werden – zwischen Banalität und Verklärung**

Band 44: Medard Kehl, **Mit der Kirche fühlen**

Band 45: Albert Keller, **Vom guten Handeln.** In Freiheit die Geister unterscheiden

Band 46: Klaus Mertes, **Sein Leben hingeben.** Suizid, Martyrium und der Tod Jesu

Band 47: Stefan Kiechle, **Warum leiden?**

Band 48: Anton Aigner, **Die Kunst des Leitens.** Erfahrungen – Einsichten – Hinweise

Band 49: Gundikar Hock (Hg.), **Freunde im Herrn.** Heilige und selige Jesuiten

Band 50: Willi Lambert (Hg.), **Von Ignatius inspiriert.** Erfahrungen und Zeugnisse

Band 51: Christian Herwartz, **Brennende Gegenwart.** Exerzitien auf der Straße

Band 52: Alex Lefrank, **In der Welt – nicht von der Welt**

Band 53: Hildegard Aepli, **Single – und wie?!** Erfülltes Leben mit unerfüllten Wünschen

Band 54: Hans-Dieter Mutschler, **Gemeinsam mehr von der Welt wissen.** Zum Verhältnis von Spiritualität und Naturwissenschaft

Band 55: Alfons Höfer, **Meine Worte suchen dich.** Gebete aus Not und Dank

Band 56: Hermann Kügler, **Streiten lernen.** Von der Rivalität zur Kooperation

Band 57: Cordula und Ottmar Leidner, **Ein hörendes Herz.** Jeden Tag Gottes Spuren finden

Band 58: Hans Schaller, **Wachsen im Gebet.** Eine ignatianische Vertiefung

Band 59: Vitus Seibel, **Architektur einer Gemeinschaft.** Impulse aus den Satzungen der Jesuiten

Band 60: Ursula Dirmeier, **Das Bessere zuerst.** Mary Ward und der Exerzitienweg

Band 61: Alfons Klein, **Dem Ungeist widerstehen**

Band 62: Thomas Philipp, **Gott in mir**

Band 63: Josef Bill, **Und er stellte ein Kind in die Mitte**

Band 64: Willi Lambert, **Gotteskontakt**

Band 65: Hermann Kügler, **Neuer Mut zur Zärtlichkeit** in Beziehung, Freundschaft und Seelsorge

Band 66 Johannes Stoffers (Hg.), **Leben im Rhythmus des Kirchenjahres.** Verstehen, was wir feiern

Band 67 Stefan Kiechle, **Grenzen überschreiten.** Papst Franziskus und seine jesuitischen Wurzeln

Band 68 Vitus Seibel (Hg.), **Wie betest du?,** 80 Jesuiten geben eine persönliche Antwort

Band 69 Franziskus Eisenbach, **Eucharistie und Exerzitienweg.** Das Leben feiern und gestalten

Band 70 Gerd Haeffner/Godehard Brüntrup, **Gibt es einen guten Tod?**

Band 71 Theres Spirig-Huber / Karl Graf, **Ich werde, also bin ich.** Biografiearbeit – spirituell. Hinführung und Übungen

Band 72 Gisbert Greshake, **Zukunft über den Tod hinaus?** Die ignatianischen Exerzitien und die Hoffnung des Glaubens

Band 73 Dominik Terstriep, **Peter Faber.** Freund – Wanderer – Mystiker

Band 74 Christiane Brendel / Adelheid Wenzelmann, **Martin Luther und Ignatius von Loyola.** Entdeckung einer spirituellen Verwandtschaft

Band 75 Wendelin Köster, **Reich-Gottes-Politik.** Rupert Mayer – kämpferisch lieben

Band 76 Klaus Vechtel, **Maria: Gott suchen und finden**

Band 77 Raimund Badelt, **Energie Liebe.** Teilhard de Chardin – ein Mystiker der Evolution

Weitere Informationen zu den Bänden der Reihe finden Sie unter www.echter.de